Klaus Schnabel · Wenn du weißt, was du tust...

Arbeitshilfen für die Jugendarbeit, Teil 6
Herausgegeben vom Amt für Jugendarbeit
der Evangelischen Landeskirche in Baden

Klaus Schnabel

Wenn du weißt, was du tust . . .

Themen und Modelle für Jugendgruppen

Friedrich Bahn Verlag Konstanz

CIP-Kurztitelaufnahme der Deutschen Bibliothek
Schnabel, Klaus:
Wenn du weißt, was du tust...: Themen u. Modelle für Jugendgruppen /
Klaus Schnabel. – 1. Aufl. – Konstanz: Bahn, 1986.
(Arbeitshilfen für die Jugendarbeit; Teil 6)
ISBN 3-7621-5906-8
NE: GT

1. Auflage 1986

Satz und Druck: Jacob Druck GmbH, Konstanz
Einband: CVD-Buchbinderei, Konstanz
ISBN 3-7621-5906-8
Printed in Germany

Inhaltsverzeichnis

Ein Kind, das sich in der Dunkelheit ängstigte, ruft aus dem Nebenzimmer: „Tante, sprich doch mit mir! Ich fürchte mich!" Darauf die Tante: „Aber was hast du davon?" Du siehst mich ja nicht." Darauf das Kind: „Wenn jemand spricht, wird es heller."

Vorwort

„Wenn du weißt, was du tust..." – wie viele wüßten gerne, was sie tun sollen in bestimmten Situationen. Etwa wenn sie vor lauter Terminen und Verpflichtungen nicht mehr zu dem kommen, was ihnen wirklich wichtig ist. Oder wenn ihnen eine Flut von Vorurteilen ein eigenes hilfreiches Urteil schwermacht. Oder wenn überkommene Lebensregeln mit der gegenwärtigen Situation nicht mehr zusammenzupassen scheinen. Viele schwanken zwischen Ängsten und dem Wunsch nach Vertrauen, oder sie suchen hinter den vielen Angeboten des Lebens etwas Bleibendes. Diese Anfragen stehen hinter den Beiträgen dieses Buches.

„Wenn du weißt, was du tust, bist du selig". Dieser Satz wird als Wort Jesu überliefert, das nicht in unserem Neuen Testament, wohl aber in einer griechischen Handschrift zu finden ist, und zwar im Lukasevangelium 6, zwischen Vers 4 und 5: „Als er an jenem Tag einen Arbeiter sah am Sabbat, sprach er zu ihm: Mensch, wenn du weißt, was du tust, bist du selig; wenn du es aber nicht weißt, bist du verflucht und ein Übertreter des Gesetzes." Da dieser Einschub nur in einer aus dem 5. Jahrhundert stammenden Handschrift enthalten ist, bei älteren Zeugen aber fehlt, hat er in das Neue Testament keinen Eingang gefunden. Der Satz bezieht sich zwar speziell auf das Arbeiten am Sabbat, meint aber darüber hinaus unser Verhalten in allen Bereichen. Wissen wir, was wir tun, was wir zu tun haben?

Biblische Texte liegen den einzelnen Abschnitten zugrunde. Vor allem hat sich eine große Nähe zu den Zehn Geboten ergeben. Alle Einheiten wurden mit Gruppen und Mitarbeitern erprobt und darum oft umgestaltet. Zu den Themen gehören der Umgang mit der Zeit, mit Ruhe und Arbeit; Vorurteile und Bilder, die wir uns machen; Angst und Vertrauen, sinnvolles Leben; unsere Wünsche und die Erfahrung, daß wir mehr brauchen als Brot und endlich der Mensch als Bild Gottes, als Mann und Frau und Beauftragter Gottes über die Erde.

Ich danke dem Friedrich-Bahn-Verlag Konstanz für die freundliche Aufnahme und die Drucklegung dieser Arbeitshilfe und wünsche vielen Leitern und Mitarbeitern hilfreiche Anregungen für ihre Arbeit.

Karlsruhe, im September 1985

Klaus Schnabel, Landesjugendpfarrer

Teil 1: Wofür haben wir Zeit?

Ziel: Die Frage nach unserem Umgang mit der Zeit – auch der Freizeit und dem Angebot des Sabbats – soll von verschiedenen Aspekten aufgegriffen werden, damit wir Zeit bewußter annehmen und gestalten lernen.

Alter: Für Jungscharkinder sind einzelne Teile schon einsetzbar, insgesamt eignet sich das Material für Jugendliche und Erwachsene.

Dauer: Vom Thema her wäre es gut, für die Frage unseres Umgangs mit der Zeit auch wirklich Zeit zu haben – also an Wochenenden oder auf Freizeiten.

Material: Die Benutzung der Bibel wird vorausgesetzt.

Ablauf: Die Fragen unter 1. können als Einstieg oder einleitende Einheit gestellt und im Rundgespräch (eventuell auch schriftlich) beantwortet werden. Auch andere Abschnitte eignen sich als selbstständige Einheiten, so zum Beispiel 2. mit der Anschlußfrage: Was habe ich gedacht? Was denkt die Frau? Verändert die Frau mein Denken? Das gilt auch für 3. Dieser Abschnitt ist leicht zu verbinden mit den Fragen unter 1. Der 4. Abschnitt gehört zu 5.1, dem biblischen Text vom reichen Kornbauern. Mit diesem zusammengesehen wird er zur Gerichtswarnung. Ob allein die Gruppe darüber nachdenkt oder ihn, wie die Bibeltexte 5.2 und 5.3, zur Gestaltung von Gottesdiensten verwendet, ist als Möglichkeit offen. Empfohlen wird, im Anschluß an 5.3 und die Zachäuserzählung über das „Heute" weiter nachzudenken. 5.4 als Veränderung eines biblischen Textes leitet zu besonderer Diskussion an. Ein eigener Zusammenhang zum Stichwort „Ruhe, Sabbat, Feiertag, Freizeit" bilden die Abschnitte 7, 8, 9, 10. Abschnitt 6 steht unter der Frage, wie unsere Zeit und die Verantwortung für sie und für uns zusammenhängen. Abschnitt 11 ist eine gemeinsame Erklärung der Katholischen und Evangelischen Kirchen in Deutschland zum Thema Sonntag. Sie gibt Anregungen zum Gespräch darüber, vor allem mit Erwachsenen, zeigt aber auch die bestehenden Probleme der Trennung, die gerade am Gottesdienst deutlich werden und damit auch ökumenisch aufgeschlossene Gruppen mit den harten Realitäten bestehender Unterschiede konfrontieren.

1. Unser Umgang mit der Zeit

Wofür brauchen wir Zeit?

Für Schule, Ausbildung, Beruf, Hobby, für mich, für dich, für andere

Wie erleben wir die Zeit?

ein Moment zum Nachdenken
ein Augenblick der Unvorsichtigkeit
der Zeitpunkt des Abschieds
eine verlängerte Frist
ein unaufschiebbarer Termin
in der Zwischenzeit Leerlauf
kurze Bedenkzeit
lange Lebenszeit
Freizeit
Vorzeit – Gegenwart – Zukunft
Jugendzeit und Alter
Zeit ist Geld
Zeit haben und bummeln
zu nachtschlafender Zeit
Zeit vertreiben – Zeit auskaufen
unter Zeitdruck stehen
rechtzeitig – zeitgemäß

Was machen wir mit unserer Zeit?

die Zeit totschlagen, vertreiben, ausfüllen, nutzen, festhalten
zeitlos – gibt es das überhaupt?
leerlaufen lassen
uns Zeit kosten lassen – wie bemißt sich der Wert?

2. Zeit haben für andere – Die weltweite Idee.
(Eine Erzählung)

„Am besten ist es, ich lasse sie einfach reden. Ich sage nur: Ja, ja, ja..., dann merkt sie vielleicht am ehesten, daß ich keine Unterhaltung wünsche. Doch die ältere Dame in Schwarz, die etwas abgezehrt wirkt, scheint nichts zu spüren. Sie redet und redet... Ich bereue schon, daß ich an ihrem Tisch Platz genommen habe. Nervös schaue ich nach der Kellnerin aus. Ob sie mir nicht endlich meinen Kaffee bringt? Ehrlich, mich interessiert nicht im geringsten, daß der Ehemann meiner Tischnachbarin ein braver, intelligenter Mann war, daß er ihr jeden Freitag Blumen mit nach Hause brachte, daß er ihr nie ein böses Wort sagte... Was sich doch fremde Menschen einbilden, wenn sie einen mit ihren Familienangelegenheiten belästigen. Ich bin hierher gekommen, um in Ruhe eine Tasse Kaffee zu trinken und meinen Gedanken nachzuhängen. Ich habe meine eigenen Probleme. Mich bewegt noch der Vortrag, den ich eben gehört habe. Er enthielt weltweite Gedanken, wie man die unvollkommene Menschheit verbessern könnte. Was soll da das banale Gerede meines Gegenübers?

Endlich erscheint die Kellnerin. Ich zahle sofort und gieße dann ziemlich rasch das viel zu heiße Getränk in mich hinein.
Als ich aufstehe, fragt die ältere Dame plötzlich: ‚Wollen Sie schon gehen?' Enttäuschung bewölkt plötzlich ihr Gesicht. ‚Ja, leider, ich muß!' lüge ich. ‚Ach, wie schade! Wir haben uns doch so nett unterhalten. – Wissen Sie, ich komme nur sehr selten unter Menschen. Mein Mann legte großen Wert auf ein zurückgezogenes Leben. Aber seit er tot ist, ist das schrecklich für mich.'
Ich nicke, während ich meine Handtasche schließe. Ich bin wenig interessiert. Die ältere Dame aber bemerkt nichts davon. Sie spricht weiter: ‚Heute aber, sagte ich mir, probierst du es einmal und gehst aus. Vielleicht findest du einen Menschen, mit dem du reden kannst. Und nun hatte ich das Glück, Sie zu treffen – schade, daß Sie gehen müssen...'
Was war wichtiger für mich? Die weltweite Idee zur Verbesserung der unvollkommenen Menschheit oder die Tatsache, daß mich diese Frau beim Nachdenken darüber gestört hat?'"
Nun, was meinen Sie dazu?

3. Über die Zeit
(Eine Erzählung)

„Ein Esel, eine Eintagsfliege und eine Schildkröte unterhielten sich leidenschaftlich über das Leben.
‚Ja, wenn ich mehr Zeit hätte' sagte die Eintagsfliege, ‚dann wäre alles einfacher! Könnt ihr euch vorstellen, was es bedeutet, alles in 24 Stunden unterzukriegen? Geborenwerden, aufwachsen, erleben, erleiden, glücklich zu sein, altwerden und sterben? Alles in 24 Stunden?!'
‚Ich gäbe was drum', sagte der Esel, ‚ wenn ich nur 24 Stunden zu leben hätte. In kurzer Zeit alles auskosten, was es gibt. Ich stelle mir das herrlich vor: Kurz, aber richtig.'
‚Ich verstehe euch nicht', warf die Schildkröte ein. ‚Ich bin jetzt 300 Jahre alt. Die Zeit würde nicht reichen, wollte ich euch erzählen, was ich erlebt habe. Es ist einfach zuviel. Schon vor 200 Jahren habe ich mir gewünscht, ans Ende meiner Zeit gekommen zu sein.'
‚Ich beneide dich', sagte der Esel, und zur Eintagsfliege: ‚Mit dir habe ich Mitleid.'
‚Wenn ich das so höre', sagte der Esel, ‚ich gäbe was drum, wenn ich 300 Jahre alt werden könnte. Viel Zeit haben, um das Leben richtig auskosten zu können. Ich stelle mir das herrlich vor: Lange, aber intensiv.'

Da schwiegen die drei sehr traurig, weil jeder das Leben nach der Uhr gemessen hatte und sich nun danach sehnte, das eigene Leben zu verlängern, zu verkürzen oder beides zu versuchen. Da gingen sie zu dritt zur Spinne, die wegen ihrer Weisheit berühmt war, um sie um Rat zu fragen.
‚Schildkröte', sagte die Spinne, ‚hör auf zu klagen; denn wer hat schon so viel Erfahrung wie du?' Zur Eintagsfliege sagte sie: ‚Fliege, hör auf zu klagen; wer hat schon so viel Freude wie du?'
Da meldete sich der Esel und fragte, was sie ihm denn riete. ‚Dir rate ich nichts,' sagte die Spinne, , denn du wolltest beides! Du bist und bleibst ein Esel.'
Als die anderen Tiere das hörten, warfen sie ihre Uhren weg und maßen das Leben fortan nach seiner Tiefe und seinem Sinn."

(Aus: Peter Spangenberg, Der Stein der tanzenden Fische, GTB/Siebenstern 205, Gütersloher Verlagshaus, Gütersloh, 4. Aufl. 1983, S. 124f)

4. Der Terminkalender

„Ein Mann hatte einen großen Terminkalender
und sagte zu sich selbst:
‚Alle Termine sind eingeschrieben,
aber noch sind die Tagung X und die Konferenz Y
sowie die Sitzung der Unterausschüsse und die
Treffen unseres Teams nicht eingeplant.
Wo soll ich sie alle unterbringen?'
Und er kaufte sich einen größeren Terminkalender
mit Einteilungsmöglichkeiten der Nachtstunden,
machte aus Abendessen Arbeitsessen,
aus Wochenenden Klausurtage,
disponierte noch einmal,
trug alles sorgfältig ein und sagte zu sich selbst:
‚Nun sei ruhig, liebe Seele,
du hast alles gut eingeplant,
versäume nur nichts.'
Und je weniger er versäumte,
um so mehr wuchs sein Informationsvorsprung
– er konnte überall klug mitreden;
er stieg im Ansehen und wurde in den Ausschuß Q
und in den Vorstand K gewählt,
zweiter und erster Vorsitzender, Ehrenmitglied,
– und eines Tages war es dann soweit,
und Gott sagte:
‚Du Narr, diese Nacht stehst du auf meinem
Terminkalender!'"

(Gottfried Hänisch, © by Evangelische Verlagsanstalt, Berlin)

5. Biblische Texte zum Thema

5.1 Der reiche Kornbauer (Lukas, 12,16 – 21)

„Und er sagte ihnen ein Gleichnis und sprach: Es war ein reicher Mensch, dessen Feld hatte gut getragen. Und er dachte bei sich selbst und sprach: Was soll ich tun? Ich habe nichts, wohin ich meine Früchte sammle. Und sprach: Das will ich tun: ich will meine Scheunen abbrechen und größere bauen, und will darin sammeln all mein Korn und meine Vorräte und will sagen zu meiner Seele: Liebe Seele, du hast einen großen Vorrat für viele Jahre; habe nun Ruhe, iß, trink und habe guten Mut!
Aber Gott sprach zu ihm: Du Narr! Diese Nacht wird man deine Seele von dir fordern; und wem wird dann gehören, was du angehäuft hast?
So geht es dem, der sich Schätze sammelt und ist nicht reich bei Gott."

(Aus: Die Bibel nach der Übersetzung Martin Luthers, revidierter Text von 1984, Deutsche Bibelgesellschaft, Stuttgart)

5.2 Alles hat seine Zeit (Prediger Salomo 3,1 – 15)

„Ein jegliches hat seine Zeit, und alles Vorhaben unter dem Himmel hat seine Stunde:
geboren werden hat seine Zeit, sterben hat seine Zeit; pflanzen hat seine Zeit, ausreißen, was gepflanzt ist, hat seine Zeit;
töten hat seine Zeit, heilen hat seine Zeit; abbrechen hat seine Zeit, bauen hat seine Zeit;
weinen hat seine Zeit, lachen hat seine Zeit; klagen hat seine Zeit, tanzen hat seine Zeit;
Steine wegwerfen hat seine Zeit, Steine sammeln hat seine Zeit; herzen hat seine Zeit, aufhören zu herzen hat seine Zeit;
suchen hat seine Zeit, verlieren hat seine Zeit; behalten hat seine Zeit, wegwerfen hat seine Zeit;
zerreißen hat seine Zeit, zunähen hat seine Zeit; schweigen hat seine Zeit; reden hat seine Zeit;
lieben hat seine Zeit, hassen hat seine Zeit; Streit hat seine Zeit, Friede hat seine Zeit.
Man mühe sich ab, wie man will, so hat man keinen Gewinn davon.
Ich sah die Arbeit, die Gott den Menschen gegeben hat, daß sie sich damit plagen.
Er hat alles schön gemacht zu seiner Zeit, auch hat er die Ewigkeit in ihr Herz gelegt; nur daß der Mensch nicht ergründen kann das Werk, das Gott tut, weder Anfang noch Ende.
Da merkte ich, daß es nichts Besseres dabei gibt als fröhlich zu sein und sich gütlich tun in seinem Leben. Denn ein Mensch, der da ißt und trinkt und hat guten Mut bei all seinem Mühen, das ist eine Gabe Gottes.

Ich merkte, daß alles, was Gott tut, das besteht für ewig; man kann nichts dazutun noch wegtun. Das alles tut Gott, daß man sich vor ihm fürchten soll. Was geschieht, das ist schon längst gewesen, und was sein wird, ist auch schon längst gewesen; und Gott holt wieder hervor, was vergangen ist."

(Aus: Die Bibel nach der Übersetzung Martin Luthers, revidierter Text von 1984, Deutsche Bibelgesellschaft, Stuttgart)

Alle sind eingebunden in den Lauf der Zeit, deren Maßstab die Uhr ist. Zugleich hat jeder seine Zeit. Wir merken, daß uns Zeit gegeben wird und sich zugleich unserer Verfügung entzieht. Wir haben viel Zeit, zugleich können wir den richtigen Zeitpunkt vertun.
(Im griechischen Neuen Testament ist dies der „Kairos", z. B. begründet Jesus nach Lukas 19, 44 seine Klage über Israel damit, daß das Volk den Kairos der „Heimsuchung Gottes" nicht erkannt hat.)
Es gibt auch eine über uns verhängte Zeit, begrenzt durch Geburt und Tod.

5.3 Zachäus und Jesus (Lukas 19,1 – 10)

„Und er ging nach Jericho hinein und zog hindurch.
Und siehe, da war ein Mann mit Namen Zachäus, der war ein Oberer der Zöllner und war reich.
Und er begehrte, Jesus zu sehen, wer er wäre, und konnte es nicht wegen der Menge; denn er war klein von Gestalt.
Und er lief voraus und stieg auf einen Maulbeerbaum, um ihn zu sehen; denn dort sollte er durchkommen.
Und als Jesus an die Stelle kam, sah er auf und sprach zu ihm: Zachäus, steig eilend herunter; denn ich muß heute in deinem Haus einkehren. Und er stieg eilend herunter und nahm ihn auf mit Freuden. Als sie das sahen, murrten sie alle und sprachen: Bei einem Sünder ist er eingekehrt.
Zachäus aber trat vor den Herrn und sprach: Siehe, Herr, die Hälfte von meinem Besitz gebe ich den Armen, und wenn ich jemanden betrogen habe, so gebe ich es vierfach zurück.
Jesus aber sprach zu ihm: Heute ist diesem Hause Heil wiederfahren, denn auch er ist Abrahams Sohn.
Denn der Menschensohn ist gekommen, zu suchen und selig zu machen, was verloren ist."

(Aus: Die Bibel nach der Übersetzung Martin Luthers, revidierter Text von 1984, Deutsche Bibelgesellschaft, Stuttgart)

Der Tag „heute" ist entscheidend. Lassen wir uns nicht zwischen gestern und morgen zerdrücken.
... heute ist diesem Haus Heil widerfahren (Lukas 19,9)
... euch ist heute der Heiland geboren (Lukas 2,11)

... heute, wenn ihr seine Stimme hören werdet, so verstockt eure Herzen nicht (Hebräer 3,7.15)
... unser tägliches Brot gib uns heute (Matthäus 6,11)
... heute ist dieses Wort der Schrift erfüllt vor euren Ohren (Lukas 4,21)
... heute wirst du mit mir im Paradies sein (Lukas 23,43)
Heute feiern wir ein Fest, das Heute wird dem Zachäus zum Fest, weil Jesus sich ihm zuwendet. Durch die Erfahrung der Zuneigung, Liebe, Gemeinschaft wird das Heute zum Fest auch für uns.

5.4 Lothar Zenetti: Die wunderbare Zeitvermehrung
„Jesus zog sich zurück. Mit einem Boot fuhr er über den See an einen abgelegenen Ort, um allein zu sein. Die Volksscharen in den Städten hörten davon und folgten ihm zu Fuß nach. Als er die Augen erhob, sah er, wie viele Menschen um ihn versammelt waren und wie viele noch herandrängten. Und er empfand Mitleid mit ihnen und heilte die Kranken. Als es Abend wurde, traten seine Jünger zu ihm und sprachen: ‚Herr, die Zeit ist vorgerückt, es ist spät. Entlasse die Menge. Sie haben keine Zeit und wir auch nicht!'
Da wandte sich Jesus an seine Jünger: ‚Weshalb sollen sie weggehen? Gebt ihnen doch die Zeit, gebt ihnen von eurer Zeit!' Da sagten sie zu ihm: ‚Wir haben ja selber keine, und was wir haben, dieses wenige, wie soll das reichen, um uns um alle und am Ende noch um jeden einzelnen zu kümmern?' Doch fand es sich, daß einer von ihnen noch fünf Termine frei hatte, zur Not, mehr nicht, dazu zwei Viertelstunden. Und Jesus lächelte und sagte: ‚Gut, das ist doch schon etwas! Stellen wir's den Leuten zur Verfügung.' Und er ließ die Volksscharen erneut Platz nehmen. Er nahm die fünf Termine, die sie hatten und dazu die beiden Viertelstunden. Er blickte auf zum Himmel und sprach ein Segensgebet. Dann teilte er das Vorhandene auf und ließ austeilen die kostbare Zeit, die sie hatten, durch seine Jünger an die vielen Leute. Und siehe, es reichte nun das wenige für alle. Keiner ging leer aus. Ja, sie füllten am Ende noch zwölf Tage mit dem, was übrig war an Zeit. Und dabei waren es an die fünftausend Männer, die Frauen und Kinder gar nicht gerechnet. Es wird berichtet, daß die Jünger staunten. Denn alle sahen es: Selbst das Unmögliche wird möglich durch ihn."

(Lothar Zenetti, Die wunderbare Zeitvermehrung. Variationen zum Evangelium, Verlag J. Pfeiffer, München, 2. Aufl. 1983, S. 121f)

Die Erzählung ist gestaltet nach Matthäus 14,13–21, der Speisung der Fünftausend. Zenetti kommentiert sie so: „Daß Jesus all die Menschen wunderbar mit Brot speiste, ist jedem bekannt. Aber es gibt noch viele andere Dinge, die rar sind, zumindest heutzutage."
Es lohnt sich, diese Erzählung von Zenetti zur Diskussion zu stellen!

6. Jede Minute ist kostbar

„Ich war Gast im fremden Wagen. Mein Nachbar hatte mich über Land mitgenommen. Er saß mit Frau und Kind im Wagen und hatte es überaus eilig. Wir näherten uns einer kurzen, aber kurvenreichen Strecke. Ein Warnschild nach dem anderen. Höchstgeschwindigkeit 50 Kilometer, stand auf einem. Mein Nachbar nahm den Fuß nicht vom Gashebel. Erschrocken lese ich auf dem Tachometer: ‚80...90...100...130...' Ich nehme allen Mut zusammen. ‚Weniger Gas!' sage ich. ‚Haben Sie Angst?' ‚Die Kurven!' Mein Nachbar lacht: ‚ich habe es eilig. Es kommt auf jede Minute an.'
Das ist ein Argument. Ich sage nichts mehr. Ich mache die Augen zu und erwarte mein Schicksal.
Es ist noch einmal alles gutgegangen.
Als wir weiterrollen, frage ich wie nebenbei: ‚Wie alt sind Sie?' ‚Dreißig', sagt mein Nachbar. ‚Da haben Sie das Leben noch vor sich. Noch mindestens 20 Millionen Minuten!' ‚Ich rechne fest damit,' sagt er. ‚Wie alt ist Ihre Frau?' ‚Zweiundzwanzig.' ‚So herrlich jung! Da hat sie voraussichtlich noch 25 Millionen Minuten zu leben. Und wie alt ist Ihr Kind?' ‚Der Kleine? Vier Jahre!', sagt er und lacht dem Kind glücklich zu. ‚Vier Jahre! Wie beneidenswert! 35 Millionen Leben liegen noch vor ihm.' ‚Das möchte auch sein', sagt er und sieht mich mit dummem Gesicht an, ‚warum erzählen Sie mir das alles?'
Ich sage: ‚Weil ich nicht verstehen kann, wie ein vernünftiger Mensch durch zu schnelles, unvorsichtiges Fahren zusammengerechnet 80 Millionen kostbarer Minuten riskiert, um eine einzige Minute zu gewinnen...'"

(Aus: Geschichten für Sinndeuter, hrsg. v. Peter Bleeser, Georgs-Verlag, Düsseldorf, 2. Aufl. 1982, S.28)

7. Keine Zeit für Gott und für sich

„Terminkalender, du verfolgst mich und du kennst mich.
Ob ich sitze oder stehe, ich trag' dich bei mir.
Selbst von ferne bestimmst du meine Gedanken.
Ob ich gehe oder ruhe, es ist dir bekannt;
dir sind vertraut alle meine Wege.
Noch liegt der Tag unbeschrieben vor mir –
hast du schon meine Termine bestimmt.
Du umschließt mich von allen Seiten und legst deine Klammer um mich.
Zu unfaßbar ist für mich deine Zeitverteilung,
zu hoch, ich kann sie nicht begreifen.
Wohin könnte ich fliehen vor deinen Plänen?
Wohin mich vor deinem Diktat flüchten?...

Ich werde gezwungen, mit letzter Kraft
die Zeiten zu ändern, die du für mich festgelegt hast.
Würde ich sagen: ‚Zeit will ich haben für Gott,
statt Streß soll mich Ruhe umgeben' –
doch für diesen Wunsch ist keine Zeile mehr frei,
denn dies würde deinen Rhythmus sprengen.
Denn du hast mein Innerstes ergriffen,
eingepreßt in den Zwang zur Hektik.
Dir verdanke ich, daß du mich so gestaltest hast.
Ich weiß: Staunenswert ist deine Macht.
Wie schwierig ist für mich dieses Leben, o Herr, wie gewaltig der Druck der Termine!
Wolltest Du, o Gott, mir die Kraft geben,
mich aus ihren Fesseln zu befreien!
Bestimme Du mich, o Gott,
gib mir Deinen Willen zu erkennen, und leite mich,
nach Deiner Zeit zu leben!"

(Verfasser unbekannt. Aus: Arbeitsmaterial des Katholischen Jugendhauses Düsseldorf, 1984)

Psalm 139

„HERR, du erforschest mich und kennest mich.
Ich sitze oder stehe auf, so weißt du es;
du verstehst meine Gedanken von ferne. Ich gehe oder liege, so bist du um mich und siehst alle meine Wege.
Denn siehe, es ist kein Wort auf meiner Zunge,
das du, HERR, nicht schon wüßtest.
Von allen Seiten umgibst du mich und hältst deine Hand über mir.
Diese Erkenntnis ist mir zu wunderbar und zu hoch,
ich kann sie nicht begreifen.
Wohin soll ich gehen vor deinem Geist, und wohin
soll ich fliehen vor deinem Angesicht?
Führe ich gen Himmel, so bist du da; bettete ich mich
bei den Toten, siehe, so bist du auch da.
Nähme ich Flügel der Morgenröte und bliebe am äußersten Meer,
so würde auch dort deine Hand mich führen und deine
Rechte mich halten.
Spräche ich: Finsternis möge mich bedecken und Nacht
statt Licht um mich sein –,
so wäre auch Finsternis nicht finster bei dir, und die
Nacht leuchtete wie der Tag. Finsternis ist wie das Licht.
Denn du hast meine Nieren bereitet und hast mich gebildet
im Mutterleibe.

Ich danke dir dafür, daß ich wunderbar gemacht bin;
wunderbar sind deine Werke; das erkennt meine Seele.
Es war dir mein Gebein nicht verborgen, als ich im
Verborgenen gemacht wurde, als ich gebildet wurde unten
in der Erde.
Deine Augen sahen mich, als ich noch nicht bereit war,
und alle Tage waren in dein Buch geschrieben, die noch werden sollten und von
denen keiner da war.
Aber wie schwer sind für mich, Gott, deine Gedanken! Wie
ist ihre Summe so groß!
Wollte ich sie zählen, so wären sie mehr als der Sand:
Am Ende bin ich noch immer bei dir.
Ach Gott, wolltest du doch die Gottlosen töten! Daß
doch die Blutgierigen von mir wichen!
Denn sie reden von dir lästerlich, und deine Feinde
erheben sich mit frechem Mut.
Sollte ich nicht hassen, HERR, die dich hassen, und
verabscheuen, die sich gegen dich erheben?
Ich hasse sie mit ganzem Ernst; sie sind mir zu Feinden geworden.
Erforsche mich, Gott, und erkenne mein Herz; prüfe mich
und erkenne, wie ich's meine.
Und sieh, ob ich auf bösem Wege bin, und leite mich
auf ewigem Wege."

(Aus: Die Bibel nach der Übersetzung Martin Luthers, revidierter Text von 1984, Deutsche Bibelgesellschaft, Stuttgart)

8. Das Sabbatgebot in 2. Mose 20,11 und 5. Mose 5, 12–15

2. Mose 20,11 begründet das Sabbatgebot mit der Schöpfung und der Ruhe Gottes am 7. Tag. Es besteht also ein enger Zusammenhang zwischen der Schöpfungsgeschichte der Priesterschrift (1. Mose 1–2,4a) mit der Einteilung der sechs Schöpfungstage und einem siebten Ruhetag als Begründung des Sabbats und dem hier wiedergegebenen Gebot.
5. Mose 5, 12–15: Der Tag gehört Gott und wird deshalb freigehalten von jeder menschlichen Nutzung. Die Begründung hier ist anders als in 2. Mose 20,11. Sie weist auf die Mühsal in Ägypten hin, an die Israel denken soll und auf die Ruhebedürftigkeit von Mensch und Tier. Der Sabbat als eine Wohltat, ein freundliches Angebot – das ist hier wichtig.
In der Zeit nach der Rückkehr aus dem Exil im 5. Jahrhundert entwickeln sich in Israel eine Reihe von Einzelbestimmungen. So ist es zum Beispiel untersagt,

am Sabbat Feuer anzuzünden, Lasten zu tragen, Handel zu treiben, Kelter zu treten, Lasttiere zu beladen, Markt zu halten, Geschäfte zu machen. An einem Mann, der am Sabbat in der Wüste Holz aufgelesen hatte, wurde die Todesstrafe vollstreckt (4. Mose 15, 32–36). Das Sabbatgebot wurde allmählich zum wichtigsten Stück des göttlichen Gesetzes. In der späteren rabbinischen Literatur wird das Gebot ausgefächert in Hunderte von Einzelvorschriften, die das Arbeitsverbot konkret beschrieben. Aber der Sabbat war nicht nur mit vielen Vorschriften umgeben, sondern er war vor allem ein Tag der Freude, der Ruhe und Erholung. Dazu gehörte nicht nur ein besonderes Mahl, sondern auch der Gottesdienst.

Deutlich wird dies auch im Neuen Testament. Die Heiligkeit dieses Tages ist geschützt und wird beachtet. Das zeigen viele Stellen in den Evangelien. Die Konflikte, die Jesus mit dem Volk und seinen Lehrern bekommt, zeigen eine erste Lösung von der Strenge des Gebots (Markus 2, 1–3,6 und Parallelstellen). Die neue Haltung zeigt der Satz, der das Ziel der Erzählungen darstellt (Markus 2,27): ,,Der Sabbat ist um des Menschen willen gemacht und nicht der Mensch um des Sabbats willen.“ Mit dem folgenden Satz (V 28) ,,So ist der Menschensohn ein Herr auch über den Sabbat“, bekennt sich die christliche Gemeinde zu Jesus, der als Herr auch über Geltung oder Aufhebung des Sabbats befinden darf. Grundsätzlich gilt dies auch für die anderen Sabbat-Konflikterzählungen (z. B. Johannes 5, 1–9; 9,1–41).

9. Sabbat und christlicher Sonntag

Jesus ist an einem Freitag gestorben und am ersten Tag der Woche auferstanden. Paulus und Lukas berichten davon, daß sich die christliche Gemeinde am ersten Tag der Woche versammelte zum Gottesdienst (1. Korinther 16,2; Apostelgeschichte 20,7). Der Tag wurde ‚Herrentag‘ genannt (Offenbarung 1,10). So verlagerte sich schon früh der Feiertag vom siebten auf den ersten Tag der Woche. Möglicherweise trug dazu noch bei, daß der siebte Tag in der römischen Welt – der Saturnstag, englisch ‚saturday‘ – als Unglückstag galt und so der folgende Sonntag (Sonnentag) bevorzugt wurde. Die christliche Gemeinde feiert den Sonntag als Tag der Auferstehung des Herrn und grenzt sich damit auch vom jüdischen Sabbat ab. Freilich behielt die christliche Kirche in den folgenden Jahrhunderten die jüdische Woche bei und auch die Einteilung der Tage.

Wichtig ist für unser Verhältnis zum Sonntag:

- Jesus schafft nicht den Sabbat ab, sondern er befreit diesen Tag der Ruhe und des Feierns von allem lastenden Zwang, indem er ihm seinen Freudencharakter wiedergibt.

- Die Christen, die den achten Tag (den Schöpfungstag) als Sonntag feiern, bleiben damit verbunden mit all dem, was als Wohltat und freundliches Angebot mit dem Sabbat des Alten Testaments verbunden war.
- Wir brauchen die Elemente der Ruhe und der Feier. Wer keine Ruhe mehr kennt und nur arbeitet, richtet sich selbst.
- Die Ruhe des Sonntags ist nicht nur Unterlassen von Anstrengungen und Arbeit, sondern „ein Zustand des Friedens zwischen Mensch und Vater“ (Erich Fromm). Darum sollte dieser Tag ein Tag der Lektüre, der Kontemplation, der Gespräche, der Ruhe und Freude werden.
- Der Sonntag dient zur Feier des Lebens. Dazu gehört auch der Gottesdienst. In den kirchlichen Fastenzeiten ist der Sonntag vom Fasten ausgenommen. Tischgemeinschaft im häuslichen und gottesdienstlichen Sinn gehören dazu. Gäste sind gern gesehen. Wie sich jüdische Menschen mit „Schabbat – Schalom“ – Sabbat-Frieden – begüßen, so gehört dieser Wunsch auch zur Feier unseres Sonntags.
- Der Sonntag ist Freispruch: Freispruch von der Arbeit und ihrer Tretmühle; Freispruch für Gott – zum Hören des Wortes und zum Lob Gottes.

Das Gebot „Du sollst den Feiertag heiligen“ ist ein Angebot.

„Du brauchst dich nicht zu Tode hetzen!
Weder durch pausenloses Arbeiten –
noch durch eine pausenlose Vergnügungsjagd –
weder durch die Sorgen, die du dir machst –
noch durch die Angst, du könntest etwas versäumen –
Das alles bringt dich nur in eine heillose Verkrampfung und nimmt dir alle Lebensfreude.
Ich, der allmächtige Gott, will dein Meister sein.
Halte dich an mich, und dein Leben wird Erfüllung finden.“

(Ernst Lange, Die zehn großen Freiheiten, Burckhardthaus-Laetare Verlag, Offenbach, 15. Aufl. 1982, S. 7)

10. Auf der Suche nach Sonntagsruhe

In dem Lokalteil einer Kleinstadtzeitung erschien folgende Anzeige: „Ich habe meinen Sonntag verloren! Jede Auskunft, die zur Wiederauffindung dient, wird belohnt. Dr. Maier.“
Am nächsten Tag bekam Dr. Maier viel Besuch. In der Frühe kam ein Polizeibeamter und wollte ein Protokoll über den Verlustgegenstand aufnehmen. Aber der Doktor sagte nur: „Seit ich meinen Sonntag verloren habe, weiß ich überhaupt nicht mehr, wie er ausgesehen hat. Als ich ein Kind war, hatte ich ihn noch. Als ich 16 Jahre alt war, starb meine Mutter, die immer für einen schönen Sonntag gesorgt hatte.“

Am Nachmittag kam der reiche Gastwirt. Weil doch bekanntlich das gute Essen für den Sonntag von ausschlaggebender Bedeutung sei, wollte er sich erlauben, dem Doktor seine Speisekarte vorzulegen, auch frei Haus.
Da kam der Bettenfabrikant und pries die neueste Konstruktion an; „sie schenke guten, langen Schlaf und mache jeden Tag zu einem Sonntag."
Da kam der Agent der „Fahrt ins Blaue", „mit eingelegten, freien Spaziergängen", und sang ein Lied von der Sonntagsstille der Natur.
Und schließlich war noch der Vorsitzende des Schützenvereins da und meinte, wenn der Doktor jeden Sonntagvormittag mit ihnen einen Ausmarsch mache und am Abend zum Schoppen komme, werde er schon merken, wann Sonntag sei.
Der Doktor schüttelte nur den Kopf, das alles hatte nicht zu seinem Sonntag gehört. Nein, so konnte unmöglich der Sonntag aussehen! Und dann kam am Abend ein alter Missionar zu ihm, der in Zentralafrika unter einem Negerstamm lange gearbeitet hatte. Der erzählte ihm folgende Fabel der Neger:
„Die Tiere waren einst neidisch darauf, daß die Menschen Festtage haben und sie nicht. Und sie berieten sich, wie sie wohl dazu kommen könnten. Der Vielfraß sagte, es läge an vielem und gutem Essen. Der Pfau meinte, ein besonderes Festgewand sei das wichtigste. Das Faultier dagegen verlangte, man müsse vor allem viel Ruhe haben. Das alles gewährte ihnen der große Dämon, aber noch war es kein Festtag. Und die Neger lachten und sagten: ‚Wie dumm, nicht zu wissen, daß sie keinen Festtag hatten, weil sie nicht mit dem großen Geist reden können!'"

Die Leistungsträger
„Im Alten Testament, im Buch Exodus, gibt es eine besonders eindrucksvolle Stelle. Sie schildert den Kampf des Volkes Israel mit den Amalekitern. Moses steht auf einem Hügel mit dem erhobenen Gottesstab und betet. So lange er dies tut, ist sein Volk stärker; läßt er aber seine Hände ermüdet sinken, rücken die Amalekiter vor. Da bringen ihm Aaron und Hur einen Steinbrocken als Sitz und stützen seine Arme, damit sie erhoben bleiben, bis die Sonne untergeht. Der Chronist berichtet: ‚So besiegte Josua mit scharfem Schwert Amalek und sein Heer' – und wenig später: ‚Krieg ist zwischen Jahwe und Amalek von Generation zu Generation.'
Heute überwiegt die Ansicht, daß es sich bei diesem Streit um kein historisches Ereignis handelt, sondern um eines der vielen biblischen Bilder. Es enthält seinen Sinn, wenn man weiß, daß das hebräische Wort Amalek zu deutsch ‚Leistung' bedeutet. Nach unserem Sprachgebrauch könnte man die Amalekiter demnach als ‚Leistungsträger' bezeichnen, als jene Menschen also, die für Erfolg, Fortschritt, Wohlstand sorgen – für vieles, was uns heute wichtig dünkt, was die Lebensqualität auszumachen scheint. Aber diese Leistungsmenschen läßt Gott in der biblischen Geschichte von den Israeliten besiegen; er stellt sich gegen sie, er sagt ihnen den Kampf an.

Was will das besagen? Wir maßen uns keine theologisch kompetente Exegese an. Aber gewiß geht es hier nicht darum, die menschliche Arbeit zu verurteilen, sie gar mit dem Makel einer Schuld zu bedecken, wohl aber, sie richtig hineinzustellen in das Leben mit seinen vielen Bedürfnissen und seinem Sinn. Vielleicht ist es gerade zu Beginn der Ferienzeit einmal ganz nützlich, nachzudenken über den Wechsel von Arbeit und Muße, über Leib und Seele, auch über den Wert der Leistung, und diese Leistung einzuordnen in unsere Wertvorstellungen. Das macht sicher nicht ärmer."
Der vorstehende Text fand sich im Wirtschaftsteil der Süddeutschen Zeitung, München, 28./29. Juli 1984 zu Ferienbeginn: Der Bezug ist 2. Mose 17, 8–16.

Fragen:
Wozu dient die Freizeit?
Wie kann ich Freizeit sinnvoll nutzen?
Freizeit kann verschiedene Funktionen haben:
  Erholung – Spielen – für andere und mit anderen – Hobby – Bildung und Weiterbildung – Besinnung – öffentliche Betätigung (z. B. Verein)
Welchen Raum (etwa in Stunden pro Woche) nehmen diese Funktionen bei mir ein?
Welche Ergänzungen gelten für mich?
Welche Bedeutung hat für mich ein Feiertag?
Freizeit kann auch eine Last sein:
  Pensionstod – Arbeitslosigkeit – Langeweile – „Zeitvertreib" – Krankheit
Welche Hilfe ist hier möglich?

11. Den Sonntag feiern

Gemeinsames Wort der Deutschen Bischofskonferenz und des Rates der Evangelischen Kirche in Deutschland
„Den Sonntag feiern" – für viele ist das eine Freude, für andere eine Last, für manche ein Problem. Was einmal selbstverständlich war, hat weithin seine Selbstverständlichkeit verloren. Und doch wäre es für alle Menschen eine schreckliche Vision, den Sonntag zu verlieren. Er ist ein Geschenk und birgt selbst in seiner Entstellung noch sein Geheimnis.
Viele von uns erfahren den Sonntag nicht als einen besonderen Tag. Er ist eingebettet in das Wochenende, das am Freitagnachmittag beginnt. Ein früher niemals gekanntes Maß an Freizeit bringt die Aufgabe mit sich, die freie Zeit zu nutzen. Eine ganze Industrie bietet ihre Dienste an. Tätigkeiten, die einmal die freie Zeit ausfüllten, gewinnen Arbeitscharakter. An die Stelle von Entspannung

und Ruhe treten deshalb schon wieder Hektik und Unruhe. Der Sonntag wird gleichsam aufgesogen vom Wochenende, ist nur noch dessen Abschluß, sein letzter Tag. Ganze Berufszweige im Dienstleistungsbereich sind am Wochenende besonders angespannt.

Häufig unterscheiden sich Werktag und Sonntag kaum noch voneinander. Der Rhythmus von Anspannung und Entspannung, Tätigkeit und Ruhe ist verlorengegangen. Der Unrast der Arbeit entspricht die Unrast des Konsums. Wo alles nur auf Leistung abgestellt ist, bleibt die Seele leer.

Verändert hat sich auch der Zusammenhang von Sonntag und Familie. Daß der Sonntag besonders der Familie gehörte, ist weithin dem Bewußtsein entschwunden. Jeder meint, der Sonntag gehöre zuerst ihm selbst. Die Familie ist der Konkurrenz verschiedener Angebote ausgesetzt (zum Beispiel dem Fernsehprogramm und Freizeitveranstaltungen), die den einzelnen unterschiedlich interessieren. Als Folge davon wiederum fühlen sich viele Familien nicht mehr so zusammengehörig, daß es für sie selbstverständlich ist, den Sonntag wenigstens teilweise gemeinsam zu gestalten.

Der christliche Glaube aber läßt uns nicht stehenbleiben bei der Analyse unserer Situation und der Trauer über Vergangenes. Er ermutigt uns, ‚den Sonntag zu feiern'. Die Erinnerung an seine Herkunft zeigt auch der Gegenwart neue Möglichkeiten.

Die Bibel berichtet: „Am siebten Tag vollendete Gott das Werk, das er geschaffen hatte, und er ruhte am siebten Tag, nachdem er sein ganzes Werk vollbracht hatte. Und Gott segnete den siebten Tag und erklärte ihn für heilig" (Gen 2,2–3a). Der Sabbat ist ein Geschenk der Fürsorge Gottes, durch das er an seiner Ruhe und Kraft Anteil gewährt. Israel nahm dieses Angebot an und gehorchte dem Gebot Gottes, das ihm am Sinai gegeben wurde: ‚Gedenke des Sabbats: Halte ihn heilig!' (Ex 20,8). So findet der Mensch in der Ruhe die Freiheit, Gott zu dienen, ihn zu preisen und für die Mitmenschen, besonders für die schwachen, da zu sein.

Weil Jesus Christus ‚am ersten Tag der Woche' (Mk 16,2) von den Toten auferweckt wurde, feiern die Christen den Sonntag als den Tag des Herrn. Der Sinn des Sabbats wurde in die Feier des Sonntags aufgenommen. Der erste Tag der Woche war der Anfang der Schöpfung. Die Auferstehung Jesu Christi ist der Anfang der neuen Schöpfung. So umgreift der Sonntag alte und neue Schöpfung. Wer den Sonntag feiert, bekennt: Christus ist erstanden, Christus lebt. Unser vergängliches Leben und diese vergehende Welt sind aufgenommen in Gottes unvergängliches Leben.

Der Sonntag als der erste Tag der Woche drückt daher auch die Freude an der alten und der neuen Schöpfung aus.

Den Dank für die Schöpfung, den Lobpreis für die Auferstehung Christi haben die Christen von Anfang an in der gottesdienstlichen Feier zum Ausdruck gebracht. Am Sonntag kamen sie zusammen, um der Taten ihres Herrn zu gedenken und eins zu werden in der Feier des Herrenmahles.

Dank und Feier gehören eng zusammen. Die Feier des Sonntags ist die Antwort der Christen auf das, was Gott getan hat. Weil viele nicht recht wissen, wofür sie eigentlich danken sollen, tun sie es sich schwer zu feiern. Es ist wichtig, an diesem Tag uns zu besinnen und zur Ruhe zu kommen, damit wir entdekken, wofür wir zu danken haben. Viele gehen heute den entgegengesetzten Weg. Sie fühlen sich nicht als Menschen, die ihr Leben anderen verdanken, die ihr Dasein und den Sinn ihres Lebens von Gott als Geschenk empfangen. Die Last des Alltags drückt. Aus solch einem Lebensgefühl heraus will es nicht gelingen, Gottesdienste zu feiern.
Spiel und Sport, Gespräch und Erholung, die Natur erleben und bewundern, sich kümmern um andere – das alles öffnet unseren Blick für Dank und Feier. Es kann uns ahnen lassen, daß es mehr gibt als nur das Tun, das auf einen Zweck ausgerichtet ist. Zugleich macht es uns deutlich, daß unser Leben nicht aufgeht in dem, was wir leisten. Die Arbeit ist keinesfalls gering zu achten. Aber sie ist bei weitem nicht alles. Dieses ‚Mehr' gibt der Feier des Gottesdienstes einen eindeutigen Inhalt. Im Gottesdienst feiern wir nicht uns selbst, sondern den, von dem wir kommen und zu dem wir gehen. Die Mitte des Gottesdienstes ist Gottes Geschichte mit uns: Jesu Tod und Auferstehung, seine Himmelfahrt, sein Leben unter uns und sein Kommen in Herrlichkeit.
Feste leben von Erinnerung an frühere Rettung, den Alltag durchbrechende Wunder, den Aufschein von Gottes Nähe. Feste fügen jedes Einzelleben ein in einen großen Zusammenhang. Ausgespannt zwischen einer weit zurückreichenden gemeinsamen Erinnerung und der gemeinsamen Hoffnung, daß der Herr Jesus Christus wiederkommt und die Schöpfung vollendet, gewinnt unser Leben an Tiefe, erhält es Gewicht.
Daran fehlt es. Viele leben wie abgeschnitten von ihrer Vergangenheit. Seelische und geistige Krankheiten haben häufig ihre Ursache im Verdrängen wichtiger Daten der eigenen Biographie. Heilung setzt dann ein geduldiges Zurücktasten in die Vergangenheit voraus. Erst so wird der Blick wieder frei für die Gegenwart und für die Zukunft.
Auch auf der Geschichte der Völker und Kirchen lasten Vergessen und Verdrängen. Um die Krankheiten unserer Gesellschaft zu heilen, bedarf es der Erinnerung, die Verdrängtes frei setzt und Vergessenes ans Licht bringt. Hier kann uns die Glaubensgeschichte Israels wichtige Hilfen vermitteln.
Israel war das unter allen orientalischen Völkern am stärksten auf neues Geschehen, auf Zukunft ausgerichtete Volk. Seine Fähigkeit zu immer neuen Anfängen bezog es aus einem beständigen Umgang mit seiner Geschichte. In seinen Liedern erinnert sich Israel dankbar an Gott, der es aus der Hand des Pharao befreite, am Sinai einen Bund mit ihm schloß und in Geboten den Weg zum Leben wies.
Unsere Unfähigkeit zu feiern läßt sich heilen, wenn wir wieder das Erinnern üben, uns die Überlieferung der Bibel und Erfahrungen aus der Geschichte der Kirche ins Gedächnis rufen. „Tut dies zu meinem Gedächtnis!" (1 Kor 11,25)

steht als Überschrift über unseren Gottesdiensten. Gegenüber der Langeweile in einer technisch perfekt funktionierenden Welt wird im Gedächtnis Jesu Christi die Kraft seines Opfers, das Außergewöhnliche seiner Freiheit, die Beständigkeit seiner Liebe erfahren. In solcher Erinnerung wächst Freude an Gott. Diese Freude teilt sich mit in der Verkündigung des Evangeliums. Die Predigt und die Feier der Eucharistie führen Menschen zusammen zur Gemeinde. Sie feiern den Tod und die Auferstehung ihres Herrn. Sie werden als Zeugen gesandt zu den Menschen, vorbereitet für den Dienst in der Welt und gestärkt in der Liebe zueinander. So sind das Lob Gottes und der Einsatz für den Nächsten aufeinander bezogen.

Der Gottesdienst bildet die Mitte der Gemeinde. Das Sonntagsgebot dient seinem Schutz. Wer seine Teilnahme auf spontane Bedürfnisse abstellt, entschließt sich meistens zu spät. Wer nur aus Gewohnheit geht, trägt bei zur Langeweile. Die gute Gewohnheit aber darf nicht verdächtigt werden. Sie hilft mit, daß der Gottesdienst nicht abhängig wird von unseren schwankenden Stimmungen und vermeintlichen Bedürfnissen. Der Gottesdienst der Gemeinde muß vor Willkür geschützt werden. Er verträgt nicht ruhelose Abwechslung, sondern braucht Stetigkeit und Wiederholung. Er bedarf der Beständigkeit ebenso wie der lebendigen Gestaltung und Beteiligung.

In der Feier des Sonntags und der Liebe zum Gottesdienst sind evangelische und katholische Christen miteinander verbunden. Um so schmerzlicher ist, daß sie noch nicht in der Lage sind, alle ihre Feste in gemeinsamen Gottesdiensten zu feiern. Das zeigt sich besonders am Sonntag.

Nach apostolischer Überlieferung gehören Herrentag und Herrenmahl zusammen. Durch alle Jahrhunderte hat die katholische Kirche daran festgehalten, daß die Feier des Auferstehungstages die Zusammenkunft zur sakramentalen Feier des Todes und der Auferstehung Christi in der Eucharistie erfordert. Auch die evangelische Kirche hat, nachdem es weithin in Vergessenheit geraten war, neu erkannt, daß am Sonntag das Herrenmahl gefeiert werden soll. Sie achtet jedoch den Predigtgottesdienst in gleicher Weise und sieht auch in ihm eine angemessene Weise, den Sonntag zu feiern.

Diese unterschiedliche Überzeugung hat auch Folgen für die kirchliche Praxis. *Nach katholischem Verständnis* kann ein Wortgottesdienst die Eucharistiefeier am Sonntag nicht ersetzen. Deshalb ist der Vorabend des Sonntags und der Sonntagvormittag für die Eucharistiefeier freizuhalten. Aus wichtigen Gründen können ökumenische Gottesdienste am Sonntagnachmittag und Sonntagabend gehalten werden, wenn die Teilnehmer zuvor Gelegenheit zum Besuch der Eucharistiefeier hatten und wenn eine Eucharistiefeier zu ortsüblicher Zeit dadurch nicht verdrängt wird. In dieser Praxis drückt sich keine Geringschätzung des Wortgottesdienstes aus, ist doch die Heilige Messe immer Wort- und Sakramentsgottesdienst zugleich. In Verbindung mit ihr haben Stundengebet, Andachten und Predigtgottesdienste ihre unverzichtbare Bedeutung für Kirche und Welt; sie müssen daher nach Kräften gefördert werden.

Die evangelische Kirche unterstützt alle Bemühungen, den Sonntag durch die regelmäßige Feier des heiligen Mahles auszuzeichnen. Dabei vergißt sie nicht, daß eine seltenere Feier der Eucharistie auch Ausdruck einer Hochschätzung des Sakramentes sein kann. Bei manchen Anlässen möchte sie zur üblichen sonntäglichen Gottesdienstzeit zu einem ökumenischen Gottesdienst einladen. Kirchliche Regel, die den Normfall im Auge hat, und pastorale Sorge, die den besonderen Fall ins Auge faßt, ermöglichen in evangelischer Sicht erst eine hilfreiche Entscheidung, wenn sie mit einander bedacht werden; die Ausnahme muß dabei die allgemeine Praxis nicht stören.
Daß die evangelische Kirche das Herrenmahl neu entdeckt hat und vermehrt feiert, gleichzeitig aber die katholische Kirche den Wortgottesdienst und den Rang der Predigt in der Eucharistiefeier in neuer Weise schätzt, bringt beide gottesdienstlichen Traditionen einander näher. Der evangelische Predigtgottesdienst ‚protestiert' nicht länger, die katholische Meßfeier entspricht dem Auftrag der Verkündigung. Diese Annäherung im zentralen Bereich des Gottesdienstes läßt hoffen, daß die Kirchen noch weiter zueinander geführt werden.
Wir leiden gemeinsam unter der schmerzlichen Erfahrung, daß es zwischen evangelischer und katholischer Kirche bislang keine Abendmahlgemeinschaft und keine volle Gemeinschaft unserer Kirchen gibt. Kirchengemeinschft vollzieht sich als Eucharistiegemeinschaft, Eucharistiegemeinschaft setzt Kirchengemeinschaft voraus. Aus dieser gemeinsamen Überzeugung ziehen evangelische und katholische Kirche nicht dieselben Folgerungen.
Weil die Kirchen auf dem Weg zueinander sind und die gemeinsame Feier der Sakramente die Einheit der Christen fördert, lädt die evangelische Kirche auch Christen, die anderen Konfessionen angehören, zu ihren Abendmahlsfeiern ein. Dies gilt insbesondere für konfessionsverschiedene Ehepartner, von denen jeder in seiner Kirche seine Heimat behalten will.
Weil die katholische Kirche die Glaubens- und Kirchengemeinschaft noch nicht in notwendigen Maße gegeben sieht, ist nach ihrer Überzeugung die Eucharistiegemeinschaft noch nicht möglich. Sie läßt daher evangelische Christen lediglich in Notfällen unter bestimmten Voraussetzungen zur heiligen Kommunion zu, gestattet aber ihren Gliedern nicht, das evangelische Abendmahl zu empfangen.
Angesichts der noch nicht überwundenen Trennung der Kirchen ist es geboten, die Entscheidung zu respektieren, die jede Kirche nach sorgfältiger Prüfung für die Zulassung zur Eucharistie getroffen hat. Wer an der Kommunion in der Kirche des Partners nicht teilnimmt, ist von der gottesdienstlichen Gemeinschaft nicht ausgeschlossen, wenn er in Gebet und Andacht mitfeiert.
Wir bemühen uns gemeinsam, die uns in einer langen und traurigen Geschichte zugewachsenen Hindernisse auszuräumen. Eindringlich bitten wir alle Christen zusammen mit uns, den Vater im Himmel anzurufen: „Alle sollen eins sein" (Joh 17,21).
Im Gottesdienst der Christen wird die Welt vor Gott gebracht in Fürbitte und

Lob, in Dank und Klage. ‚Das Wort Christi wohne mit seinem ganzen Reichtum bei euch. Belehrt und ermahnt einander in aller Weisheit! Singt Gott in eurem Herzen Psalmen, Hymnen und Lieder, wie sie der Geist eingibt, denn ihr seid in Gottes Gnade‘ (Kol 3,16). Christus zu loben, der das Ebenbild Gottes des Vaters ist, ist Aufgabe der christlichen Gemeinde. Die Feier des Sonntags läßt die Gegenwart Jesu Christi und die Kraft des Glaubens erfahren. Wir machen den Gemeinden und Pfarrern Mut, mit Hingabe Gottesdienst zu feiern. Wir bitten sie, nicht nachzulassen, die Erinnerung an Gottes große Taten wachzuhalten. Wir laden die Menschen ein, die enttäuscht sind vom Gottesdienst, es noch einmal und immer wieder mit ihm zu versuchen. Das Leben verkümmert, wenn die Feste entschwinden. Die christliche Gemeinde ist mit einer großen Verantwortung beladen für alle Menschen. Nicht nur die Kirche, auch die Welt braucht das Fest der Christen, sie braucht den Sonntag und den Gottesdienst.

Hannover/Bonn, den 1. Advent 1984

Landesbischof D. Eduard Lohse
Vorsitzender des Rates der
Evangelischen Kirche in Deutschland

Kardinal Joseph Höffner
Vorsitzender der
Deutschen Bischofskonferenz

Teil 2: Die letzte Instanz und unsere vorletzten Instanzen – Vorurteile

Ziel: Das Thema Vorurteile wird von verschiedenen Seiten angegangen – vom Spiel her, von Texten und von biblischen Erzählungen. Wir wollen unserer eigenen Vorurteile bewußt werden und es lernen, sie vor dem Urteil der letzten Instanz Gottes zu verändern.

Alter: Für konfirmierte Jugendliche und junge Erwachsene.

Dauer: Es besteht die Möglichkeit, die einzelnen Abschnitte als in sich geschlossene Einheiten zu bearbeiten für jeweils ein Treffen; aber auch eine Fortsetzung ist möglich.

Material: Für das Spiel – Abschnitt 1 – sind „Zeichen" (Hölzchen, Kärtchen o. ä.) nötig, sowie die mit einer Bezeichnung und einer Nummer versehenen Ansteckkärtchen (Tesakrepp oder Nadeln) und die Tabelle zur Auswertung. Für die Collagen – Abschnitt 3 – müssen Zeitungen und Illustrierte vorbereitet sein. Bei der Auswertung von Abschnitt 8 wäre es hilfreich, wenn die Teilnehmer oder mindestens der Leiter „Andorra" von Max Frisch genauer kennen würden.

Ablauf: Der Einstieg mit 1 oder 3 hat sich bewährt. Beide Teile können als in sich geschlossen angewandt werden. Danach gibt es die Möglichkeit, mit dem Teil 6 (Bonhoeffer über die Dummheit) neu einzusteigen und mit einer aufgeschlossenen Runde ein Gespräch über die Verbindung von Dummheit und Vorurteil zu führen. Die Abschnitte 7, 8 oder 9 mit den biblischen Teilen sind jeweils auch als eigene Einheiten einsetzbar. Sie eignen sich darüber hinaus auch als Verkündigungsgestaltung in Gottesdiensten oder Gemeindeveranstaltungen oder als Anregung für Diskussionen ohne Verbindung zu 1 – 3. Vor allem die 2. Variante im 7. Abschnitt kann gespielt werden. Teil 4 und 5 ist Material für den Leiter. Teil 9 wurde in einem Gottesdienst verwandt, wobei die beiden Sprecher (männlich-weiblich) sich gegenüberstanden und die Szene in verschiedenen Rollen lasen. Dieser Teil kann gut in einen Gottesdienst eingearbeitet werden, er eignet sich auch als Provokation einer Diskussion.

1. Ein Spiel: Wir erleben unsere Vorurteile

Jeder bekommt einen Umschlag, in dem je 10 verschiedenfarbige „Zeichen" z. B. Hölzer, Zettel, Punkte, Märkchen sind:

Rot für Mitleid
Grün für Liebe und Zuneigung
Blau für Haß und Abneigung
Gelb für neutrale Haltung.
Jeder Spieler bekommt vom Spielleiter auf dem Rücken einen Zettel befestigt, auf dem er gekennzeichnet ist (Bezeichnung mit Nummer).

1 Homosexueller
2 Oberbefehlshaber der Nato
3 Prostituierte
4 Frauenmörder
5 Spion
6 Krebskranker
7 Contergankind
8 Farbiger
9 Punk
10 Pfarrer
11 Hausbesetzer
12 Türke
13 Feministin
14 Linker
15 Neonazi
16 Transvestit
17 Alleinerziehender
18 Mönch
19 Nonne
20 Zuhälter
21 Exhibitionist
22 Glücklich verheirateter Ehemann

Dazu erhält jeder Spieler eine Tabelle, auf der er während des Spiels eine Strichliste führt über die ausgegebenen und empfangenen Zeichen.
Niemand weiß, wer er selber ist. Jeder geht herum, stellt die Bezeichnung des anderen fest und gibt ihm von den verschiedenfarbigen Zeichen ab – jedoch nicht mehr als jeweils 4 Stück. Jeder empfängt zugleich Zeichen. Das Spiel geht so lange, bis jeder alle Zeichen hergegeben hat.
Dazu kann auf den vorbereiteten Blättern in eine Tabelle eingetragen werden, was jeder gegeben hat an Zeichen von

Mitleid	(rot)
Zuneigung	(grün)
Abneigung	(blau)
Neutralität	(gelb)

Wieviel hast du erhalten? – getrennt von männlichen und weiblichen Spielern

rot		grün		blau		gelb	
m	w	m	w	m	w	m	w

Wieviel hast du gegeben? – an welche Nummer?

rot		grün		blau		gelb	
Anzahl	an Nr.	Anzahl	an Nr.	Anzahl	an Nr.	Anzahl	an Nr.

Wichtig ist, freilich auch etwas beschwerlich, daß man während des Austeilens bzw. Empfangens aufnotiert, von wem man etwas erhält, bzw. wem man etwas gibt.

2. Auswertung des Spiels

Der Spielleiter stellt fest, wieviel rote/grüne/blaue/gelbe Zeichen jeder erhalten hat. Jeder Spieler kann aus seiner eigenen Tabelle ersehen, daß ihm z. B. sehr viel Mitleid, vor allem von männlichen Mitspielern zuteil wurde, oder daß er sehr viel Zuneigung geerntet hat. Wer mag er/sie selbst wohl sein? Zugleich stellt jeder Spieler fest, daß er an die Träger bestimmter Nummern z. B. viele Mitleidszeichen abgegeben hat, weil es ein Krebskranker o. ä. war.
Die Identität der einzelnen Spieler wird offengelegt, jeder Spieler erfährt, wen er dargestellt hat.
Ein erstes Rundgespräch kann sich über die Frage entwickeln, wie sich die Zuteilung von Zeichen des Mitleids, der Zuneigung, der Abneigung oder Neutralität erklärt.
Es sollte ein Gespräch folgen – eventuell in Gruppen – über die Frage:

Welches Urteil oder Vorurteil haben wir?
Womit können wir unser Urteil begründen?
Was wissen wir über andere?
Welche Hilfe können wir leisten oder möchten wir erhalten?
Sind alle Vorurteile negativ?

3. Wie sehen wir die anderen?

Wenn eine Gruppe mit Mitgliedern verschiedener Herkunft zusammen ist, läßt sich unter dieser Fragestellung durch den Bau von Collagen leicht ein Bild der jeweils anderen herstellen. Dies kann beispielsweise so aussehen:

- Die Jungen bauen aus ausgeschnittenen Texten und Bildern von Zeitungen und Illustrierten Collagen „Wie sehen wir die Mädchen?“ Umgekehrt tun dies die Mädchen unter dem Stichwort: „Wie sehen wir die Jungen?“
- Die ganze Gruppe fertigt Collagen unter dem Stichwort: „Wie sehen wir die Engländer, die Schotten, die Polen?“ Möglicherweise wäre dies im Blick auf eine bevorstehende Begegnung ein Anlaß, das Bild mit einigen Informationen zu konfrontieren. Es wäre auch denkbar, sich in die Rolle der anderen zu versetzen und zu überlegen: „Wie sehen uns die Engländer, Schotten, Polen?“

Im Anschluß daran sollte diskutiert werden, wie die einzelnen Gruppen zu den Darstellungen in ihrer Collage und den darin enthaltenen Urteilen gekommen sind, ob sie zutreffen und welche Vorurteile darin stecken.

4. Wir sind ganz objektiv

„Alle Deutschen waren Nazis,
Engländer, die haben einen Spleen,
Schotten geizig, Amis schlacksig,
Kommunisten muß man fliehn.
Politik ist stets von Übel,
auch die UNO taugt nicht viel,
denen droben muß man's zeigen,
das sind Räuber in Zivil.
Die Gesellschaft ist nicht besser,
Millionäre sind korrupt,
Funktionäre vegetieren
und der Arme wird geschrubbt.
Hilfsarbeiter sind Proleten,
Gastarbeiter kriminell,
Bauern dumm und Bürger spießig,
Militär will Kriegsappell.
Väter sind nun mal von gestern,
alle Männer polygam,
unsre Jugend ist verdorben,
die Moral ist ohne Scham.
Und die Kirche? Nur nicht schüchtern:

schwimmt im Geld, der reine Hohn,
macht Geschäfte mit dem Glauben,
klebt komplett an Konvention.
Kirchenräte wärmen Stühle.
Pfaffen, die sind klerikal,
Katholiken doppelzüngig,
Protestanten liberal.
Theologen glauben gar nichts,
fromm ist man aus gutem Zweck,
und der Kirchentag Hannover
ist ein großer Werbegag.
Vorurteile? Schlagwortdenken?
Sehen wir die Dinge schief?
Jeder sehe, wo er bleibe!
Nein, wir sind ganz objektiv."
(Herkunft unbekannt)

5. Abbau von Vorurteilen

Was verstehen wir unter Vorurteilen? Von frühester Kindheit an erhalten wir von anderen Orientierungen, Werte und Urteile. Kinder wie Erwachsene brauchen zu ihrer eigenen Orientierung und zum Hineinwachsen in die Umwelt solche Werte und Urteile, die sie zunächst ungeprüft übernehmen. Vor allem, wenn wir diese von Menschen erhalten, denen wir vertrauen, auf die wir uns verlassen und die wir lieben, kommen wir nicht auf die Idee, unsere Urteile zu überprüfen. Erst durch andere Erfahrungen kommt es zur Revision des vorgegebenen Urteils. Dadurch wächst Kritik, auch Kritik an uns selbst, die dazu führt, mit Hilfe neuer und anderer Werte die bisherigen Orientierungen zu verändern. Es bilden sich so Vorurteile, die durchaus einen positiven, schützenden Charakter haben (z. B. mit dem Ziel, daß Kinder nicht einfach mit Fremden gehen). Wie kommen aber Jugendliche etwa in einer Klasse zu dem Urteil, das Wort „Spastiker" als Schimpfwort zu gebrauchen oder einen Schwarzen als Typ des unsympatischen Menschen zu bezeichnen? Wie kamen Menschen dazu, Juden als den negativen Typ des Mitmenschen zu beschreiben? Dies sind negative Vorurteile, bei denen einfach und unüberlegt nachgeredet wird, was an Klischees umläuft. Hier wird aber auch deutlich, wie schwer Vorurteile zu bekämpfen sind. Denn sein eigenes Urteil als negatives Vorurteil einzusehen, bedeutet auch möglicherweise Revision des eigenen Verhaltens. Wenn auf einmal nicht mehr „die" Kommunisten oder „die" Gastarbeiter schuld sind, dann könnte ja auch ich selbst einen Teil der Schuld zu tragen haben. Denn oft müssen die Menschen oder Gruppen, die wir mit unseren Vorurteilen belegen, eine Funktion als Sündenbock übernehmen für unerfüllte Wünsche, für Versa-

gen oder falsche Wege, die wir selbst zu verantworten haben. Ein Blick in die Art und Weise, wie deutsche Geschichte in den letzten Jahrzehnten nach dem 2. Weltkrieg bewältigt und verarbeitet wurde, oder wie unter unterschiedlichen politischen Gruppen jeweils Schuld zugewiesen wird, ist dafür beispielhaft. Aber keiner von uns werfe den ersten Stein... Festzuhalten bleibt: Es gibt positive Vorurteile, noch mehr Vorurteile sind negativ.
Im 1. Petrusbrief heißt es – als Zitat des Propheten Hesekiel – „daß das Gericht anfängt an dem Hause Gottes" (1. Petrus 4,17). Es gibt auch so etwas wie speziell christliche negative Vorurteile, die teilweise in der Art der Interpretation theologischer Aussagen, teils in der sozialen Struktur christlicher Gemeinden begründet sind. Dazu gehören – kurz zusammengefaßt – zwei Punkte:

- die Annahme, die christlichen Kirchen oder gar eine besondere Kirche seien im Alleinbesitz der Offenbarung und die Wahrheit sei nur hier verfügbar. Das Aufeinanderhören, die Solidarität des Fragens und der Hilfe sowie der Dialog drohen verloren zu gehen;
- der Anspruch von Christen, zu Herren der Welt und zur Ausübung von Macht in ihr berufen zu sein über andere, die beherrscht werden.

6. Dietrich Bonhoeffer: Vorurteil macht dumm – Dummheit schafft Vorurteile

An der Wende zum Jahr 1943 hat Dietrich Bonhoeffer sich Rechenschaft über die letzten zehn Jahre gegeben. Zu den Themen, über die er nachdenkend schreibt, gehört auch ein Kapitel „Über die Dummheit". Daraus in Auszügen einige Sätze:
„Dummheit ist ein gefährlicherer Feind des Guten als Bosheit. Gegen das Böse läßt sich protestieren, es läßt sich bloßstellen, es läßt sich notfalls mit Gewalt verhindern... Gegen die Dummheit sind wir wehrlos. Weder mit Protesten noch durch Gewalt läßt sich hier etwas ausrichten; Gründe verfangen nicht; Tatsachen, die dem eigenen Vorurteil widersprechen, brauchen einfach nicht geglaubt zu werden – in solchen Fällen wird der Dumme sogar kritisch –, und wenn sie unausweichlich sind, können sie einfach als nichtssagende Einzelfälle beiseite geschoben werden. Dabei ist der Dumme im Unterschied zum Bösen restlos mit sich selbst zufrieden; ja, er wird sogar gefährlich, indem er leicht gereizt zum Angriff übergeht. Daher ist dem Dummen gegenüber mehr Vorsicht geboten als gegenüber dem Bösen. Niemals werden wir mehr versuchen, den Dummen durch Gründe zu überzeugen; es ist sinnlos und gefährlich... Soviel ist sicher, daß sie (die Dummheit) nicht wesentlich ein intellektueller, sondern ein menschlicher Defekt ist... Dabei gewinnt man weniger den Eindruck, daß

die Dummheit ein angeborener Defekt ist, als daß unter bestimmten Umständen die Menschen dumm *gemacht* werden, bzw. sich dumm machen lassen... Bei genauerem Zusehen zeigt sich, daß jede starke äußere Machtentfaltung, sei sie politischer oder religiöser Art, einen großen Teil der Menschen mit Dummheit schlägt... Die Macht der einen braucht die Dummheit der anderen... Daß der Dumme oft bockig ist, darf nicht darüber hinwegtäuschen, daß er nicht selbständig ist. Man spürt es geradezu im Gespräch mit ihm, daß man es gar nicht mit ihm selbst, mit ihm persönlich, sondern mit über ihn mächtig gewordenen Schlagworten, Parolen etc. zu tun hat. Er ist in einem Banne, er ist verblendet, er ist in seinem eigenen Wesen mißbraucht, mißhandelt... Aber es ist gerade hier auch ganz deutlich, daß nicht ein Akt der Belehrung, sondern allein ein Akt der Befreiung die Dummheit überwinden könnte... Das Wort der Bibel, daß die Furcht Gottes der Anfang der Weisheit sei (Psalm 111,10), sagt, daß die innere Befreiung des Menschen zum verantwortlichen Leben vor Gott die einzige wirkliche Überwindung der Dummheit ist...

(Dietrich Bonhoeffer, Widerstand und Ergebung, GTB/Siebenstern 1, Gütersloher Verlagshaus, Gütersloh, 11. Aufl. 1980, S. 14–16), © by Chr. Kaiser Verlag, München)

Die Dummheit, von der Bonhoeffer schreibt, hat mit dem Vorurteil zu tun. Einmal kommt dieses Wort hier vor, es ist aber möglich, überall das Wort Dummheit durch Vorurteil zu ersetzen, ohne den Sinn zu entstellen. Damit wird deutlich, wie ernst die Vorurteile zu nehmen sind. Nicht ein vorschnelles Urteil über eine Automarke oder einen Zeitgenossen ist gemeint, sondern darum: Vorurteil ist, was blind und taub macht gegen die Wirklichkeit, was gesprächsunfähig, verbohrt, unmenschlich macht. Das Vorurteil macht dumm. Das ist nicht beschränkt auf die Zeit des Dritten Reiches. Dem Vorurteil widersprechende Erkenntnisse werden auch heute als „nichtssagende Einzelfälle" gewertet: jeder kennt dann auch einen fleißigen Italiener oder einen großzügigen Schotten, aber im allgemeinen... Das Vorurteil hilft uns auch zur Flucht aus der konkreten Verantwortung. Wenn doch nur „die da oben" machen, was sie wollen, was hat es dann für einen Sinn, gegen Unrecht zu kämpfen. Warum soll ich mich politisch engagieren, wenn die Parteien so miserabel sind? Warum soll ich etwas für den Frieden tun, wenn die Supermächte doch machen, was sie wollen und das Böse sowieso nicht auszurotten ist? Vorurteile sind eine bequeme Sache; denn mit den Sündenböcken liefern sie uns auch noch ein gutes Gewissen ins Haus.

Vergessen wir endlich nicht, daß es nach Bonhoeffer keine angeborene Dummheit, ebenso aber auch keine angeborenen Vorurteile gibt. Vorurteile werden von den anderen übernommen, sie werden produziert und uns schmackhaft gemacht. Damit hängt es von den Verbrauchern, den Empfängern ab, wie Vorurteile zur Wirkung kommen. Bonhoeffers Nachdenken schließt mit den Worten: „Es wird wirklich darauf ankommen, ob Machthaber sich mehr von der Dummheit oder von der inneren Selbstständigkeit und Klugheit der Menschen versprechen."

7. Jesu provozierender Freispruch

„Und frühmorgens kam er wieder in den Tempel, und alles Volk kam zu ihm, und er setzte sich und lehrte sie. Aber die Schriftgelehrten und Pharisäer brachten eine Frau zu ihm, beim Ehebruch ergriffen, und stellten sie in die Mitte und sprachen zu ihm: Meister, diese Frau ist auf frischer Tat beim Ehebruch ergriffen worden. Mose aber hat uns im Gesetz geboten, solche Frauen zu steinigen. Was sagst du? Das sagten sie aber, ihn zu versuchen, damit sie ihn verklagen könnten. Aber Jesus bückte sich und schrieb mit dem Finger auf die Erde. Als sie nun fortfuhren, ihn zu fragen, richtete er sich auf und sprach zu ihnen: Wer unter euch ohne Sünde ist, der werfe den ersten Stein auf sie. Und er bückte sich wieder und schrieb auf die Erde. Als sie aber das hörten, gingen sie weg, einer nach dem anderen, die Ältesten zuerst; und Jesus blieb allein mit der Frau, die in der Mitte stand. Jesus aber richtete sich auf und fragte sie: Wo sind sie, Frau? Hat dich niemand verdammt? Sie antwortete: Niemand, Herr. Und Jesus sprach: So verdamme ich dich auch nicht; geh hin und sündige hinfort nicht mehr. (Johannesevangelium, Kap. 8, 2–11).

(Aus: Die Bibel nach der Übersetzung Martin Luthers, revidierter Text von 1984, Deutsche Bibelgesellschaft, Stuttgart)

▶ *Eine erste Variante:*
Wie wäre es heute, wenn Jesus in einer Kirche oder auf einem freien Platz sitzen würde? Wir wissen dies zwar nicht und sollen deshalb vorsichtig sein, aber man könnte es sich ja einmal vorstellen...
... nachdem die Pharisäer die Frau herbeigeschleppt haben und Jesus fragen, was er dazu meine, könnte dies so weitergehen: „Die Menge zeigte ihren Unmut, und einige der Umstehenden hoben Steine auf, um sie auf die Frommen zu werfen. Nicht die Frau da, solche Leute wie euch sollte man steinigen und ausrotten! Meinst du nicht auch, Jesus? – Jesus aber schwieg. Er bückte sich und schrieb mit dem Finger auf die Erde. Als sie nicht aufhörten, auf ihn einzureden, richtete er sich auf und sah sie an. Da sagte einer: Also ich finde, man sollte das nicht überbewerten, ich meine, was die Frau gemacht hat. – Ein zweiter rief: So etwas kann doch jedem einmal passieren. Ein Seitensprung hat noch niemand geschadet, oder? Und ein paar lachten. Was soll denn schon dabei sein, riefen sie, das ist doch nicht weiter schlimm! Eine junge Frau meinte: Wer weiß, was die für einen Mann hat?! Wahrscheinlich ist er an allem schuld, geschieht ihm ganz recht! Und eine andere fügte hinzu: Ich kann die Frau gut verstehen. Was sie ge-

tan hat, war ihr gutes Recht. Schließlich hat jeder ein Recht auf Liebe! Und wieder schrien einige: Jetzt diskutiert nicht lange, steinigt doch diese frommen Heuchler endlich, macht kurzen Prozeß mit ihnen. Da erhob sich Jesus und sprach: Kennt ihr das Gebot nicht: Du sollst die Ehe nicht brechen!? Ich sage euch aber: Jeder, der eine Frau auch nur begehrlich anschaut, jede Frau, die einen anderen Mann auch nur in Gedanken begehrt, hat in seinem Herzen schon die Ehe gebrochen. Und ich sage euch: Wenn dir dein Auge Anlaß zur Sünde ist, dann reiß es aus und wirf es weg. Denn besser ist es für dich, eines deiner Glieder geht zugrunde, als daß du mit deinem ganzen Leib in die Hölle geworfen wirst. Und ich sage euch noch eines: Wer sich von seiner Frau trennt, ist schuld, wenn sie die Ehe bricht. Und wehe dem, der eine Ehe zerstört! – Und nun steinigt mich, wenn ihr wollt! Als die Leute Jesus so reden hörten, gingen sie kopfschüttelnd weg. Auch die Pharisäer schlichen davon. Die Frau blieb allein zurück. Und Jesus blickte sie an und sprach: Frau, wo sind deine Ankläger?..."

(Aus: Lothar Zenetti, Die wunderbare Zeitvermehrung. Variationen zum Evangelium, Verlag J. Pfeiffer, München, 2. Aufl. 1983, S. 145f)

Vorschlag:

1. Könnte die Szene so gelautet haben – wie beurteilen wir sie?
2. Wie wäre es, wenn wir in der Rolle der Pharisäer wären?
3. Wie wäre es, wenn wir in der Rolle der Frau wären?
4. Wie wäre es, wenn wir in der Rolle derer wären, die die Frau entschuldigen wollen?
5. Was könnte aus der Frau werden – eine Begegnung mit ihr ein halbes Jahr später?

▶ *Eine zweite Variante:*
Man stellt sich eine Szene vor, bei der ein kirchlicher Mitarbeiter von seinen Dienstvorgesetzten zu Jesus gebracht wird, weil er mit seiner Freundin zusammenlebt. Ist Jesus nicht auch der Meinung, daß er entlassen werden soll? Nun beginnen aber seine Kollegen und Freunde, ein paar Gemeindeglieder und Passanten ein heftiges Streitgespräch für und wider diese Strafe. Was wird Jesus am Ende, nachdem er sich das alles angehört hat, sagen? Und wie werden sie reagieren?
Vorschlag: Diese Szene sollte nun mit den verschiedenen Personen gespielt werden (Ankläger, Kollegen, Freunde, Gemeindemitglieder, Jesus...)

▶ *Zu Johannes 8,2–11:*
Die Varianten mögen so nicht von jedermann akzeptiert werden. Sie zeigen immerhin, daß unsere heutige Situation so ist, daß manches verändert ist,

Jesu Antwort aber wohl ebenso über unser Urteil und Vorurteil hinweg geht. Halten wir uns die Geschichte vor Augen und fragen wir uns:
Könnten wir nicht selbst in der Lage der Pharisäer sein? Könnten wir nicht auch in der Lage der Frau sein – geduckt und gerechtfertigt?
Sind wir in der Lage der Zuschauer, der Gaffer, mitleidig oder gehässig Dabeistehenden?
Die auf die Strafe Versessenen überläßt Jesus sich selbst. Er wendet sich ab und schreibt auf die Erde – was mag er wohl geschrieben haben? ‚Wer unter euch ohne Sünde ist' – damit muß nicht die Tat der Frau gemeint sein, die alle anderen auch einmal getan haben, es sei denn im Sinn von Matthäus 5,27 – 32. Damit kann er auch einfach feststellen, daß wir von ihm in und trotz aller moralischen Rechtschaffenheit von Gott ferne und ohne jeden Grund des Sich-Rühmens sind. Wichtig ist: Jesus stellt ebenfalls fest: dies war und ist eine Sünde („Sündige hinfort nicht mehr"). Sie wird nicht heruntergespielt oder geschönt. Aber ihr wird vergeben, und damit wird auch ihre Zukunft verändert. Die Erzählung hat das Ziel, das gnädige Urteil Gottes deutlich zu machen. Es ist keine billige Gnade, sondern schließt als Folge ein, daß der Freispruch sich nun durch eine neue Lebenspraxis auch bewährt. Die Geschichte zeigt, was Vorurteil ist: Befangenheit in eigenen Gesetzen, Voreingenommenheit und Verblendung, Unduldsamkeit und Beschränktheit, Hartnäckigkeit, Verhärtung und Rechthaberei. Sie zeigt auch Jesu Urteil: Es ist Lebenshilfe und Befreiung, eine klare Entscheidung für einen neuen Anfang. Hier stehen Gesetz und Evangelium deutlich einander gegenüber. (Ähnliches läßt sich übrigens auch an den Samaritergeschichten zeigen: Lukas 10,25–37 Der barmherzige Samariter; Lukas 17, 11–19 Der dankbare Samariter; Johannes 4 Jesus und die Samariterin)

8. Du sollst dir kein Bild machen

In 2. Mose 20, 4 und 5. Mose 5,8 wird das „Bilderverbot" ausgesprochen, das so recht seinen Platz in der Reihe der Zehn Gebote nicht bekommen hat. Denn sowohl im Kleinen wie im Großen Katechismus übergeht Luther das Bilderverbot, nur in der reformierten Tradition kommt das Bilderverbot zu seinem Recht. In der Evangelischen Landeskirche in Baden gehörte das Bilderverbot nach dem Text von 5. Mose 5 zum 1. Gebot des Katechismus, der von der Landessynode 1928 in Kraft gesetzt wurde. Im reformierten Heidelberger Katechismus ist das Bilderverbot das 2. Gebot (Frage 92). Verboten wird jedes Bild von Gott. Sicher geht es dabei vor allem um ein kultisches Bild des zu verehrenden Gottes oder eines Wesens, das mit ihm verbunden ist. Dahinter steht die Vorstellung, daß ein Bild in einer festen Beziehung zu dem abgebildeten Wesen steht

und daß man mit Hilfe des Bildes Macht über das abgebildete Wesen haben kann. Um auch den kleinsten Versuch abzuwehren, daß Israel Macht über seinen Gott oder über das, was Gott ist, gewinnt, wird jedes Abbilden verboten. Noch ein anderer Gesichtspunkt spielt eine Rolle: Ein Kultbild kann die Gottheit offenbaren. Mit dem Verbot, den Gott Israels in einer Gestalt (als Tier, Gestirn, Mensch usw.) abzubilden, widersetzt sich Israel auch dem Verhalten anderer Religionen im alten Orient. Denn dort wurden die Gottheiten mit Kräften oder Gestalten der Welt oder des Mythos verkörpert, in bestimmten Gestalten erschienen die Gottheiten. Für Israel konnte Gott nicht in einem irdischen Bildwerk kultisch gegenwärtig werden. Die Welt und alles in ihr ist Schöpfung Gottes, Geschaffenes also kann Gott selbst nicht repräsentieren. Auch heute verdeutlicht das Bilderverbot, daß aller menschlichen Gotteskenntnis aufgrund unserer Geschöpflichkeit Grenzen gesetzt sind, zugleich aber unser Denken und unser Herz – nach Calvin eine „Götzenfabrik" – ständig neue eigene Bilder von Gott, der Welt und dem Menschen machen. Übrigens bedeutet der Verzicht auf das Bild nicht den Verzicht auf die Gestalt: erscheint er im Alten Testament in der Gestalt des Engels, so nimmt er nach Philipper 2,7 „Menschengestalt" an: dies ist die neutestamentliche Antwort auf das Bilderverbot.
Daß das Bilderverbot etwas mit unserem Stichwort ‚Vorurteil' zu tun hat, darauf weisen die Schriftsteller Bert Brecht und Max Frisch hin. Gerade sie nehmen ein theologisches Motiv auf und beschreiben den Menschen als ein erregendes, unfaßbares Rätsel, das in keinem von ihm selbst oder anderen entworfenen Bild aufgeht. Wir machen uns Bilder von Menschen und begegnen ihnen mit den damit zusammenhängenden Vorurteilen.
Max Frisch hat dieser Ausgestaltung eines Vorurteils ein großartiges und schreckliches Denkmal in seinem Stück „Andorra" gesetzt. In seinen Tagebüchern wird dies vorbereitet unter dem Thema: Du sollst dir kein Bildnis machen.
„Es ist bemerkenswert, daß wir gerade von dem Menschen, den wir lieben, am mindesten aussagen können, wie er sei. Wir lieben ihn einfach. Eben darin besteht ja die Liebe, das Wunderbare an der Liebe, daß sie uns in der Schwebe des Lebendigen hält, in der Bereitschaft, einem Menschen zu folgen in allen seinen möglichen Entfaltungen... ‚Du bist nicht', sagt der Enttäuschte oder die Enttäuschte: ‚wofür ich dich gehalten habe'. Und wofür hat man sich denn gehalten? Für ein Geheimnis, das der Mensch ja immerhin ist, ein erregendes Rätsel, das auszuhalten wir müde geworden sind. Man macht sich ein Bildnis. Das ist das Lieblose, der Verrat... Du sollst dir kein Bildnis machen, heißt es von Gott. Es dürfte auch in diesem Sinne gelten: Gott als das Lebendige in jedem Menschen, das, was nicht erfaßbar ist. Es ist eine Versündigung, die wir, so wie sie an uns begangen wird, fast ohne Unterlaß wieder begehen – Ausgenommen, wenn wir lieben."

(Max Frisch: Tagebuch 1946 – 1949, st 1148, Suhrkamp Verlag, Frankfurt, 1985, S. 27f., 32)

9. Er und Sie

Ein Dialog – zum ersten Mal gesprochen im August 1984 in der Abbey-Kirche der Iona-Community Schottland

▶ Er war ein Flüchtlingskind. Sie hatten gerade noch Zeit, ihn als Baby beschneiden zu lassen, dann mußte die Familie auf die Flucht.

● Sie – nun eigentlich kannte niemand ihre Eltern. Aber die Leute sagten meistens, sie wäre eine vom Land.

▶ Mit 12 Jahren ist er seinen Eltern ausgerissen. Das machen ja viele Jungen in dem Alter. Er aber machte das nicht, um die Erwachsenen loszuwerden, sondern um gerade noch näher bei ihnen zu sein.

● Vermutlich war sie 14, als sie ihre erste Periode hatte... fast ein wenig spät, wenn wir die Statistik fragen... aber eigentlich doch ganz normal.

▶ Auf ihn wartete ein Job, als er die Schule verließ. Er sollte in den Familienbetrieb eintreten. Auf diese Weise konnte man sich gerade über Wasser halten.

● Sie war etwa 17, wie man später vermutete, da wurde sie schwanger. Das brachte einen solchen Skandal hervor, daß sie von zu Hause weg mußte, jedenfalls sagte man so. Und man sagt auch, daß ihr Freund sie beinahe verlassen hätte, als sie ihm erzählte, das Kind sei nicht von ihm.

▶ Er heiratete nicht. Es wäre auch schwierig geworden bei dem Weg, den er einschlug. Mit 30 ging er weg von zu Hause, und dann ging es mit ihm in der Achtung der Leute, die ihn von Kind auf gekannt hatten, ständig bergab.

● Nach dem ersten Sohn hatte sie noch mehrere Kinder... Mädchen und Jungen. Ihr Mann starb jung, so daß sie angewiesen war auf das, was die Söhne durch ihre Arbeit und ihr Verdienst für die Familie hereinbrachten.

▶ Er war immer von Frauen umgeben. Aber nicht, weil er ihnen schmeichelte oder mit ihnen flirtete, sondern weil sie sich in seiner Gesellschaft sicher fühlten. Selbst die Frauen, die von anderen Leuten ‚Nutten' genannt werden, wußten, daß er sie verstand. Und das war schon ein Unterschied.

● Sie heiratete nicht wieder. Sie sah ihre Kinder heranwachsen... und dann weggehen. Aber sie hatte immer junge Leute um sich. Die Freunde ihres Sohnes sahen öfter einmal vorbei, um sich um sie zu kümmern.

▶ Sein Leben fand ein gewaltsames Ende. Er ließ sich mit den falschen Leuten ein. Er redete öffentlich über Dinge, die die Verhältnisse ändern sollten. Für die Anständigen und Erfolgreichen war er eine Bedrohung. Darum nutzten sie ihre Beziehungen, um ihn loszuwerden. Bei seinem Ende war er so nackt wie bei seiner Geburt. Obwohl viele Leute ihn öffentlich und privat wirken sahen... und lachten.

● Sie lebte lang, ein Leben mit allen Höhen und Tiefen. Nach dem Verlust ihres Mannes wurde sie belästigt von Leuten, die über ihre Familie reden wollten. Einer ihrer Söhne hatte sich einen Namen gemacht, und sie litt darunter, daß er so berühmt und berüchtigt war. Am Ende sah sie, was sich keine Mutter zu sehen wünscht. Den Sohn, den sie genährt hatte an ihrer Brust, sah sie mit einem Stich in seiner Seite.

▶ Sein Name war Jesus

● Ihr Name war Maria

(Rev. John Bell, Jugendpfarrer der Iona Community in der Presbyterian Church of Scotland, Glasgow, 1984; übersetzt von Klaus Schnabel)

Teil 3: Zwischen Angst und Vertrauen – Leben unterm Regenbogen

Ziel: Die Teilnehmer werden sich ihrer Ängste bewußt und lernen, Vertrauen anzunehmen und zu schenken.

Alter: Auch schon für Kinder ab 12 teilweise verwendbar, vor allem aber für Jugendliche und Erwachsene.

Dauer: Da die einzelnen Abschnitte auch getrennt einsetzbar sind, sind mehrere Treffen damit zu gestalten

Material: Es ist sicher vorteilhaft, wenn beim Einsatz der beiden biblischen Einheiten Bibeltexte vorliegen, um mit ihnen zu arbeiten. Falls für eine Arbeitsaufgabe der Bau eines Bootes in Frage kommt oder das Basteln eines Regenbogens, müßte entsprechendes Material bereitgestellt werden. Sonst ist Material nicht nötig.

Ablauf: Möglich ist eine thematische Einheit mit den Abschnitten 1 und 2. Zu ihrer Vorbereitung könnte man auch zuerst mit Abschnitt 3 einsteigen, dann 1 und 2 anschließen. Abschnitt 4 dient einer kurzen Information. Wer sich Abschnitt 5 mit der Sintflutgeschichte vornimmt, braucht Zeit. Es ist reizvoll und für viele Teilnehmer überraschend, durch unterschiedliche Farben die beiden Sintflutberichte zu markieren und dann erst daran weiterzuarbeiten. Für weitere Informationen über Jahwist und Priesterschrift kann jeder Pfarrer eine „Einleitung in das Alte Testament" zur Verfügung stellen. Ein ganz anderer Teil könnte sich entwickeln, wenn man mit Abschnitt 6.2 einsetzen würde, dann mit 6.3 fortfahren könnte. 6.4 ist auch unabhängig von der Umgebung zu gebrauchen, sollte aber als 2. Teil der Sturmstillung versucht werden. Abschnitt 7 setzt in der jetzigen Anlage das Vorhergehende voraus, wenn man das hier Dargestellte natürlich auch für sich und als eigene Einheit verwenden kann.

1. Die Angst

„Am Dienstagmorgen geht die Angst in ihre Agentur. Sie fragt, was vorliegt. Der Agent sagt, daß sie sich keine Sorgen zu machen braucht. Es liegen eine Menge Anrufe vor. Zentralen und Kanzleien, Banken und Kontore haben sich gemeldet. Der Agent greift zum Terminkalender. Zehn Uhr, Südstahl-AG.
Am Dienstag gegen zehn Uhr fährt die Angst in Halle III der Südstahl-AG den Arbeitern Fritz Schulte, Robert König und Alfred Schmidt in die Knochen. Es

wird von Rationalisierungsmaßnahmen gesprochen. Es soll Entlassungen geben. Fritz Schulte wird das Furunkel an seinem Bein, entgegen der Anweisung seines Arztes, nicht in Ruhe ausheilen lassen. Robert König wird dem Werkmeister die Überstunden nicht mehr abschlagen, und Alfred Schmidt wird sich noch mehr ins Zeug legen, um dem Personalbüro seine Unentbehrlichkeit zu zeigen. Der Personalleiter wird der Angst einen Scheck aushändigen und strahlen. Die Produktion läuft wieder störungsfrei. Die Angst hetzt zum nächsten Termin.

Gegen elf Uhr schießt sie dem Lehramtsanwärter Richard Eisinger durch den Kopf. ‚Seltsame Auffassungen vertreten Sie, Kollege Eisinger', hat der Schulrat nach der Stunde gesagt. ‚Unser Geschichtsunterricht diskutiert den Sozialismus nicht, er lehnt ihn ab. Sie wollen doch Lehrer werden?' Die Angst meldet dem Kultusministerium, daß der Auftrag erledigt ist.

Gegen zwölf Uhr überfällt sie die Packerin Elisabeth Krüger, die vom Arzt kommt, der eine Schwangerschaft festgestellt hat. Für einen Augenblick muß sie sich festhalten, denkt an die drei Kinder, an die Lohntüte ihres Mannes, an die enge Wohnung, an die Teuerungen, die ihr Zubrot auffressen. Sie folgt dem Rat, den ihr die Angst eingibt, und besorgt sich die Adresse, von der die Kolleginnen flüsternd erzählen. Danach macht die Angst Pause und speist in Ruhe mit ein paar Karlsruher Verfassungsrichtern.

Am frühen Nachmittag würgt sie den Lehrling Paul Heid, der sich darüber beschwert, daß er nichts lernt. Der Lehrling greift schweigend zum Besen, nachdem ihm sein Chef eröffnet hat, daß nicht alle Lehrlinge nach der Ausbildung übernommen würden, Krakeeler schon gar nicht. ‚Seitdem Sie da sind, ist Ruhe', sagt der Chef zur Angst und reicht ihr einen Scheck.

Jetzt bearbeitet die Angst zwei Routinefälle. Gegen sechzehn Uhr erschrickt die Hausfrau Grete Scheller, als sie in einer Illustrierten die vielen jungen Gesichter und Körper sieht. Bald darauf steht sie im Kaufhaus und wühlt panisch in Tiegeln und Tuben, die Schönheit versprechen. Der Angestellte Franz Kuhlmann legt 25 Mark auf den Tisch der Buchhandlung und erwirbt ‚Die dynamische Persönlichkeit'. In der Drogerie kauft er ein Haarfärbemittel. Dem Konfektionär, von dem er sich Anzüge zeigen läßt, sagt er: ‚Aber bitte mit einer sportlichen Note.' Seit gestern ist ein junger Mann in seiner Abteilung, und bis zu Franz Kuhlmanns Rente sind es noch neun Jahre.

Um zwanzig Uhr ist die Angst in der Tagesschau auch noch einmal zu sehen. Sie sitzt neben dem Komentator, der von den zunehmenden Gewalttaten spricht und nach einem starken Mann ruft.

Vor Mitternacht liegt sie in den Betten der Ehepaare, die ihre Ratenzahlungen addieren, bei dem Abiturienten, der durch den Raster fiel, bei dem Arbeitslosen, der nicht versteht, warum die Welt keinen Platz für ihn hat.

Spät kommt die Angst zur Vermittlung zurück. Die Agentur ist Tag und Nacht geöffnet. ‚Wie war der Tag?' fragt der Agent. ‚Normal', sagt die Angst".

Peter Maiwald

2. Fragen zu der Erzählung

- Wie wird die Angst hier dargestellt?
- Womit wird sie verglichen?
- Wie äußern sich Ängste bei den Betroffenen?
- Wie nahe oder fern ist die Erzählung der Wirklichkeit?
- Welche Aufgabe hat die Angst?
- Wer oder was steckt hinter der „Agentur"?
- Inwiefern befinden sich Hörer/Leser in der Situation von Angst und Hoffnung?
- Welche biblischen Geschichten nehmen die Situation der Angst auf und vermitteln Hoffnung?

3. Begriffe im Umfeld der Angst

Bestürzung, Furcht, Grausen, Lähmung, Schrecken, Verzweiflung, Bangigkeit, Besorgnis, Feigheit, Gänsehaut, Kleinmut, Mutlosigkeit, Schiß, Sorge, Unruhe, Verzagtheit, Heidenangst, Beklemmung, Entsetzen, Fassungslosigkeit, Panik, Schauder, Mangel an Mut, Horror, Manschetten, Erstarren.
Wichtigste Gegenbegriffe: Mut, Vertrauen, Hoffnung.

4. Biblische Befunde

- Angst, angst, ängstigen in der Bibel:
  Der Befund ist bemerkenswert:
  etwa 35 mal kommt das Wort in der Bibel vor, davon 19 Stellen in den Psalmen, 14 mal im Neuen Testament.
  Ein Schluß daraus ist: das Wort gehört zum Gebet, zum Anrufen, Bitten, zu Gott Rufen.
- Das verwandte Wort ‚Furcht, fürchten' kommt in der Bibel wesentlich häufiger vor, wobei hier eine schwerpunktmäßige Verteilung nicht möglich ist. Für die deutschen Worte gibt es im Urtext verschiedene Begriffe, so daß unser Wort Angst oder Furcht nicht jeweils einem einzigen griechischen oder hebräischen Begriff entspricht.
  Wenn wir mit einer Gruppe über die Begriffe reden, können wir uns fragen, ob es Unterschiede zwischen Angst (mehr unbewußt, unbestimmt) und Furcht (mehr auf etwas bezogen) gibt.
- Hilfreicher ist sicher, biblische Erzählungen zu finden, in denen Angst und Befreiung daraus erzählt wird:

Sintflut – Noahs Rettung
Stillung des Sturms
Der sinkende Petrus
Gethsemane

5. Die Erzählung von der Sintflut – Ein Schlag ins Wasser? (1. Mose 6,5–8,22)

5.1 Zwei Erzähler – eine Geschichte

Viele wissen, daß in den ersten beiden Kapiteln der Bibel zwei Schöpfungsgeschichten stehen, deren Verfasser unterschiedlich sind. Kapitel 1 bis 2,4a stammt aus der „Priesterschrift“, Kapitel 2,4bff vom „Jahwisten“. Dieselben Verfasser begegnen uns auch hier, nur haben wir heute eine Sintflutgeschichte vor uns, in der beide „Quellen“ so ineinander gearbeitet sind, daß sie uns in der Gestalt einer Erzählung begegnen. Die jahwistische Quelle hat ihren Namen daher, daß in ihren Erzählungen durchweg der Gottesname Jahwe gebraucht wird. Wesentlich sind aber nicht die vielen Besonderheiten, sondern der Geist, der die Gesamtdarstellung des Jahwisten beherrscht, aus verschiedenen Geschichten eine Gesamtgeschichte gestaltet und die Einzelgeschehnisse in einen größeren Sinnzusammenhang stellt. Es wird sichtbar, daß ein planvolles Handeln Gottes mit den menschlichen Trägern des Geschehens vor sich geht. Die Wurzeln dieser Darstellung liegen in der Zeit von David und Salomo (9. Jahrhundert v. Chr.), wobei der Autor wohl dem Königshaus nahegestanden haben wird.

In der Priesterschrift tritt uns mehr ein kultisch und rituell bestimmtes Interesse entgegen. Priesterliche Ordnungen überwiegen, mit dem Gottesdienst verbundene Elemente spielen eine besondere Rolle. Vermutlich geht die Abfassung auf jüdische Priesterkreise in der babylonischen Gefangenschaft, etwa im 5. Jahrhundert v. Chr., zurück.

Der Prolog 1. Mose 6,5–8 ist jahwistisch, vom Jahwisten stammen die Einheiten: 7,1–5.7.16b.8–10.12.17b.22.23;8,6a.2b.3a.6b.8–12.13b.20. Von Priesterschrift sind die Verse: 6,9–22; 7,6.11.13–16a.17a.18–21.24; 8,1.2a. 3b.4.5.7.13a.15–19. (nach Gerhard v. Rad, Das erste Buch Mose, Das Alte Testament Deutsch, Teilband 2/4, Vandenhoeck, Göttingen, 10. Aufl. 1976) Wenn man in seiner Bibel die beiden Verfasser jeweils unterschiedlich farbig kennzeichnet, werden die beiden Berichte schön deutlich.

5.2 Der Prolog (6,5–8)

Am Anfang steht ein Urteil Gottes über den Menschen. Erstaunlich ist, daß der Leser einen Blick in das bekümmerte Herz Gottes tut. Das als böse geschilderte Herz des Menschen ist Ausdruck für den ganzen Menschen, seinen Verstand und Willen. Zugleich werden ganz menschliche Regungen im Herzen Gottes geschildert: Kummer, Betrübnis, Enttäuschung, Reue bewegen ihn zu dem Urteil, dessen Ausführung im folgenden beschrieben wird.

5.3 Der Schwerpunkt des Jahwisten

Erst nachdem Noah die Arche betreten hat, erfährt er von ihrer Bestimmung. Vorher wußte er nichts über ihre genaue Bestimmung! Die Probe auf seinen Glauben und Gehorsam, in der sich Noah bewährt, ist also besonders wichtig. Ein kleines Zeichen seines Wartens und Hoffens ist das Aussenden der Taube. Das erste menschliche Werk nach der Befreiung ist ein Altar, den Noah baut für den Herrn. Das Opfer ist wichtig. Übrigens fällt auf, daß Noah in der ganzen Erzählung stumm bleibt.

5.4 Der Schwerpunkt der Priesterschrift

Kurz und ohne lange Ausgestaltung wird die totale Verkehrtheit der Menschen Gott gegenüber festgestellt. Ebenso kurz ist das Urteil: Ende allen Fleisches. Auffallend ist die genaue Beschreibung der Arche mit den verschiedenen Maßen. Das Wort ‚Sintflut‘ bedeutet eigentlich Himmelsozean: das ganze Weltgebäude bricht zusammen und vernichtet die Erde, nicht nur Mensch und Tier, wie beim Jahwisten. Menschliche Reaktion oder der Glaube Noahs spielen keine Rolle, alles ist konzentriert auf das Handeln Gottes. Auch das Ende der Katastrophe hängt von diesem einen ab: Gott gedachte an Noah. Gott übergibt den Menschen erneut die Erde. Auf seine Entscheidung hin beginnt hier neues Leben.

5.5 Nachwort

Es darf nicht vergessen werden, daß die Erzähler der Sintflutgeschichte nicht nur von urgeschichtlichen Ereignissen reden, sondern für ihre Zeitgenossen in ihrer Gegenwart ein Glaubenszeugnis ablegten. Der Ernst des Gerichts über die Abkehr der Menschen von Gott und auch die Größe der Rettung soll deutlich werden. Daher kommt der 1. Petrusbrief im Neuen Testament auf die Sintflut als Vorbild der Taufe mit dem Wasser, das Zeichen des Gerichts und der Rettung ist. Nun leben wir also alle nach der Sintflut und damit durch einen eisernen Vorhang getrennt von der Vollkommenheit der Schöpfung, in der alles „sehr gut“ war. Die Welt bleibt gefährdet, wie in den Versen des 9. Kapitels deutlich wird. Aber Gott stellt die Unantastbarkeit des menschlichen Lebens fest. Und er gibt ein Zeichen des Friedens und Erhaltens: den Regenbogen. Ursprünglich und genau übersetzt ist aber der Kriegsbogen gemeint, den Gott beiseite stellt, in die Wolken hängt, abrüstet. Er will Frieden, mit uns und unter den Menschen; daran erinnert uns der Bogen immer wieder. Am Anfang der Geschichte stand die Feststellung, daß das menschliche Herz böse ist, am Ende steht dieselbe Feststellung wieder. Wozu also das Ganze? Die Strafe hat Menschen nicht verändert. Aber Gott hat sich verändert: weil und obwohl die Menschen so sind, bleiben sie Gottes Bild, von dem er sich nicht abwendet. Gott steht zum Menschen, auch wenn dieser böse ist. Nicht nur die Bosheit schwimmt in der Arche mit und überlebt, sondern auch Gottes Treue zum Menschen.

6. Der schlafende Jesus im Boot (Markus 4,35–41)

„Und am Abend desselben Tages sprach er zu ihnen: Laßt uns hinüberfahren. Und sie ließen das Volk gehen und nahmen ihn mit, wie er im Boot war, und es waren noch andere Boote bei ihm. Und es erhob sich ein großer Windwirbel, und die Wellen schlugen ins Boot, so daß das Boot schon voll wurde. Und er war hinten im Boot und schlief auf einem Kissen. Und sie weckten ihn auf und sprachen zu ihm: Meister, fragst du nichts danach, daß wir umkommen? Und er stand auf und bedrohte den Wind und sprach zum Meer: Schweig und verstumme! Und der Wind legte sich und es entstand eine große Stille. Und er sprach zu ihnen: Was seid ihr so furchtsam? Habt ihr noch keinen Glauben? Sie aber fürchteten sich sehr und sprachen untereinander: Wer ist der? Auch Wind und Meer sind ihm gehorsam!"

(Aus: Die Bibel nach der Übersetzung Martin Luthers, revidierter Text von 1984, Deutsche Bibelgesellschaft, Stuttgart)

6.1 Ein Naturwunder

Der Evangelist Markus – und die Parallelen Matthäus und Lukas – erzählt ein Naturwunder. Unser Weltbild hat kaum Platz für solches Geschehen, weil wir durch Warnanlagen und Wetterbeobachtungen solche Situationen weithin in den Griff bekommen. Aber dann lesen wir von der Titanic oder hören von anderen Naturkatastrophen und merken, daß wir davor auch heute nicht sicher sein können. Trotzdem: würden wir als Passagiere auf dem Fährschiff Dover – Calais ein ähnliches Geschehen so erfahren, wie die Jünger es erlebten?

Die Erzählung ist eine Anfrage an unser Vertrauen. Wir leben mit unserer Angst, mit unseren Ängsten und wissen nicht, an wen wir uns wenden können, oder wir suchen das Heil in Sicherheiten verschiedener Art. Wagen wir es, uns an den ruhig im Sturm schlafenden Jesus zu wenden?

6.2 Unsere Erfahrungen im Boot

- Unsere Grunderfahrung: Angst

  Wir können Erfahrungen beschreiben, in denen sich die Angst meldet: das Wasser steht uns bis zum Halse; eine Frau hat Angst um ihren Mann, der in der Nebelwand stecken könnte, von der der Rundfunk seit Stunden warnt; eine Arbeitsstelle ist bedroht; eine Prüfung rückt immer näher; das unerklärliche Ziehen im Magen und die Angst davor, zum Arzt zu gehen. Wir fahren durch das ‚Meer der Zeit' und um uns herum erleben wir Angst, Gefahr und Not.

- Die Erfahrung der Jünger im Boot: Vertrauenskrise
  Sie sehen die Gefahr, sie müssen sich ihr stellen. Aber Jesus schläft. Gott schweigt – Gott schläft – er läßt uns allein. Wir können nicht mehr ruhig schlafen, er aber schläft tief. Erfahrungen des Alleinseins und der Verlassenheit.
- Die Erfahrungen der Hilfe.
  Wie reagieren die Menschen im Boot? Wir können eine Reihe von Maßnahmen beschreiben, die ergriffen werden. Ist es der letzte Ausweg, sich an Jesus zu wenden? Entscheidende Erfahrung ist: Christus ist im Boot. Christus ist also dort, wo Menschen von dem Bewußtsein ihrer Schuld überschwemmt werden, wo das Böse sie überfällt, wo Angst sie bedroht. Die letzte Erfahrung ist: Rettend ist nicht das Boot, rettend ist sein Wort im bedrohten Boot.

6.3 Vorschläge zur Weiterarbeit

Die Erzählung kann Anlaß zu einer Reihe von Fragen sein, die die Gruppe bearbeitet:
Erleben wir unsere Existenz als ein Leben auf schwankendem Boot?
„Alle in einem Boot" – ein Fluch oder ein Segen?
Welche Elemente um uns her erleben wir als Bedrohungen?
Wie versuchen wir uns zu retten?
Gott schläft – macht uns das zu schaffen?
An wen wenden wir uns, wenn wir nicht weiterkommen?
Vertrauen – was ist das für uns? Wozu brauchen wir das?

„Als wir eines Tages von der Arbeit zurückkamen, sahen wir auf dem Appellplatz drei Galgen. Antreten. Ringsum die SS mit drohenden Maschinenpistolen, die übliche Zeremonie. Drei gefesselte Todeskandidaten, darunter der kleine Pipel, der Engel mit den traurigen Augen.
Die SS schien besorgter, beunruhigter als gewöhnlich. Ein Kind vor Tausenden von Zuschauern zu hängen, war keine Kleinigkeit. Der Lagerchef verlas das Urteil. Alle Augen waren auf das Kind gerichtet. Es war aschfahl, aber fast ruhig und biß sich auf die Lippen. Der Schatten des Galgens bedeckte es ganz.
Diesmal weigerte sich der Lagerkapo, als Henker zu dienen. Drei SS-Männer traten an seine Stelle.
Die drei Verurteilten stiegen zusammen auf ihre Stühle. Drei Hälse wurden zu gleicher Zeit in die Schlingen eingeführt.
‚Es lebe die Freiheit!' riefen die beiden Erwachsenen. Das Kind schwieg.
‚Wo ist Gott, wo ist er?' fragte jemand hinter mir. Auf ein Zeichen des Lagerchefs kippten die Stühle um.

Absolutes Schweigen herrschte im ganzen Lager. Am Horizont ging die Sonne unter.
,Mützen ab!' brüllte der Lagerchef. Seine Stimme klang heiser. Wir weinten.
,Mützen auf!'
Dann begann der Vorbeimarsch. Die beiden Erwachsenen lebten nicht mehr. Ihre geschwollenen Zungen hingen bläulich heraus. Aber der dritte Strick hing nicht reglos: der leichte Knabe lebte noch...
Mehr als eine halbe Stunde hing er so und kämpfte vor unseren Augen zwischen Leben und Sterben seinen Todeskampf. Und wir mußten ihm ins Gesicht sehen. Er lebte noch, als ich an ihm vorüberschritt. Seine Zunge war noch rot, seine Augen noch nicht erloschen.
Hinter mir hörte ich denselben Mann fragen: ,Wo ist Gott?'
Und ich hörte eine Stimme in mir antworten: ,Wo er ist? Dort – dort hängt er, am Galgen...'
An diesem Abend schmeckte die Suppe nach Leichnam."

(Aus: Elie Wiesel, Die Nacht, GTB/Siebenstern 347, Gütersloher Verlagshaus, Gütersloh, 1980, S. 86–88, © by Bechtle-Verlag, München)

6.4 Beispiele zum Text

Welche Erfahrungen machen hier die Beteiligten?
Was bedeutet die Aussage über Gott?
Welche Aussage ist dies über den Jungen?
Über eine kleine Gemeinde ist große Not hereingebrochen. Es ist nicht wichtig, ob sie in Rom zur Zeit des Kaisers Nero oder in Albanien im 20. Jahrhundert oder sonst irgendwo auf der Erde lebt. Es ist gefährlich geworden für die Gemeinde, sich zu Jesus zu bekennen, ihre Gottesdienste zu feiern und sich zu treffen. Die Machthaber haben mit ihrer erfolglosen Politik Schiffbruch erlitten und lenken die Kritik und die Aggressionen des Volkes auf die christlichen Gemeinden. Viele starben schon als Märtyrer, viele sind geflohen. Kleine Gruppen treffen sich heimlich, in verlassenen Gegenden oder in Höhlen. Neben den vielen Angriffen von außen plagen die Christen auch die Fragen nach dem Warum und nach der Hilfe Gottes.
Wieder einmal hat sich eine kleine Gruppe verfolgter Christen getroffen in einem kleinen Raum. Einer der Ältesten schlägt im Neuen Testament die Erzählung von der Sturmstillung auf. Sie reden miteinander über die Erzählung und ihre Lage. Gibt die Geschichte ihnen Antwort? Welche Hilfe kann sie ihnen geben?

7. Auf Vertrauen angewiesen

7.1 Spiele

Auf die Insel retten
Auf den Fußboden werden mit Tesakrepp die Umrandungen von drei „Inseln" geklebt – groß genug, daß alle Teilnehmer bequem darauf Platz haben. Es hat

„Eis". Alles bewegt sich bei Musik oder dergleichen auf dem Eis. Wenn die Musik abbricht, muß man damit rechnen, daß das Eis bricht, deshalb rettet man sich schnell auf die Inseln. Beim zweiten Durchgang wird ohne großes Aufheben eine Insel entfernt. Alles muß sich auf nur noch zwei Inseln retten. Beim dritten Durchgang ist nur noch eine Insel übrig. Man hat darauf nur Platz, wenn man sich gegenseitig hilft und festhält. Es geht sehr eng zu.

„Blinde herumführen"
Paare werden gebildet. Einer von jedem Paar schließt die Augen oder bekommt sie verbunden. Die Partner fassen sich an der Hand. Der Sehende führt den Anderen nur durch Druck und Bewegung dieser Hand durch das Gewühl und in ganz verschiedene Richtungen. Der Blinde verläßt sich darauf, daß er gut geführt wird und bemüht sich, in Verbindung mit seinem Führer zu bleiben.

7.2 Aus einer Predigt von Ernst Lange

„Zwei fünfjährige Jungen, die sich sehr ähnlich waren, aber nicht miteinander verwandt, spielten auf einer alten hohen Stadtmauer, wie es sie in alten Städten noch gibt. Das durften sie eigentlich nicht, aber sie waren beide kleine Draufgänger und machten sich nicht viel aus den Warnungen der Erwachsenen. Sie tobten also rum da oben, liefen um die Wette, spuckten herunter und kreischten vor Vergnügen. Da kamen sie plötzlich an einen tiefen Abbruch. Die Mauer hörte vor ihnen, wie das ja in alten Städten manchmal so ist, einfach auf. Und gerade als sie, ein bißchen schwindelig, den Abbruch hinunterschauten, brach auch hinter ihnen die Mauer herunter, so daß sie nicht mehr zurück und nicht nach vorne konnten. Gefangen hoch oben in sechs Meter Höhe. Sie schrien um Hilfe. Plötzlich kam ein Mann vorbei. Er stellte sich an den Fuß der Mauer, direkt unter die Jungen, breitete seine Hände aus und rief hinauf: ‚Springt herunter, ich fang euch auf!' Man muß sich vorstellen, was der Mann den Jungen zumutete. Aus sechs Metern herunterzuspringen, ist schon eine Art Todessprung, auch für einen Erwachsenen, für einen kleinen Jungen fast zu schwierig. Und nun geschieht das Merkwürdige: beide Jungen sind gleich mutig, gleich gesund, gleich kräftig. Und doch läßt sich nur der eine einfach die sechs Meter hinunterfallen, in die Arme des Mannes hinein. Und der zweite, obwohl er seinem Kameraden zusieht, bringt es nicht fertig: die Feuerwehr muß kommen und ihn retten.
Die Frage ist nun: Warum haben sich die beiden kleinen Jungen so verschieden benommen? Warum hat sich der eine Junge ohne Zögern hinuntergestürzt, und warum hat das der andere nicht fertiggebracht und, recht verstanden, auch nicht fertigbringen können?
Antwort: Der Mann ist der Vater des einen Jungen."

(Aus einer Predigt v. Ernst Lange, in „Evangelische Kinderkirche" 1/1975, grüner Teil S. 16f, Verlag Junge Gemeinde, Stuttgart)

Die Erzählung kann ohne die Antwort vorgelesen werden. Über mögliche Antworten kann die Gruppe reden. Ein wesentlicher Gedanke ist: Vertrauen ist ein Wagnis. Über diesen Satz kann man auch in einem eigenen Diskussionsverlauf reden: Was wage ich, wenn ich vertraue? Was wagt der, der mir Vertrauen schenkt? Braucht Vertrauen Beweise?

7.3 Jesus schenkt Vertrauen

Die Berufung des Matthäus (Matthäus 9,9–13)
„Und als Jesus dort wegging, sah er einen Menschen am Zoll sitzen, der hieß Matthäus; und er sprach zu ihm: Folge mir! Und er stand auf und folgte ihm. Und es begab sich, als er zu Tisch saß im Hause, siehe, da kamen viele Zöllner und Sünder und saßen zu Tisch mit Jesus und seinen Jüngern. Als das die Pharisäer sahen, sprachen sie zu seinen Jüngern: Warum ißt euer Meister mit den Zöllnern und Sündern? Als das Jesus hörte, sprach er: Die Starken bedürfen des Arztes nicht, sondern die Kranken. Geht aber hin und lernt, was das heißt: ‚Ich habe Wohlgefallen an Barmherzigkeit und nicht am Opfer.' Ich bin gekommen, die Sünder zu rufen und nicht die Gerechten."

(Aus: Die Bibel nach der Übersetzung Martin Luthers, revidierter Text von 1984, Deutsche Bibelgesellschaft, Stuttgart)

Fragen zum Text:
Worin besteht das Wagnis des Vertrauens – von seiten Jesu, von seiten des Matthäus, Jesus zu folgen?
Vertrauen zieht Kreise – wie zeigt sich dies hier? – Wie erfahren wir das sonst?
Was ist mit dem Gegensatz Barmherzigkeit – Opfer gemeint?
Welche Rolle spielen die Vergangenheit und vergangene Erfahrungen für unser Vertrauen in die Zukunft?
Wieviel Vertrauen schenken wir einem Mitarbeiter?
Jesus zerbricht Ordnungen und schenkt stattdessen Vertrauen – was bedeutet dies für uns?

Teil 4: Was würde ich mir wünschen, wenn...? Ich brauche mehr als Brot!

Ziel: Wünsche für sich und für andere erkennen und formulieren. Auch über unausgesprochene Wünsche und Ziele nachdenken. Sich selbst darüber Klarheit zu geben versuchen, was wichtig und entscheidend oder weniger wichtig ist.

Alter: Ab 15 Jahren, für Jugendliche und Erwachsene.

Dauer: Das Spiel – Abschnitt 1 – erfordert Vorbereitung. Mehrere Treffen können hier gestaltet werden.

Material: Kärtchen oder Zettel für das 1. Spiel, sonst bedarf es keiner Materialien.

Ablauf: Möglich ist ein Einstieg mit dem 1. und 2. Abschnitt. Daran anschließend kann sich ein Gespräch über Wünsche und Fragen ergeben. Dies ist auch als selbständige Einheit möglich. Unter der Impulsanregung von Teil 3 – Was braucht der Mensch noch? – ist jeweils die Entfaltung 3.1, 3.2 und 3.3 als Einleitung für ein Gespräch möglich. Von Teil 3 kann man auch unabhängig von 1 und 2 ausgehen. 3.3 ist beispielsweise auch als Zusammenfassung oder als Einstieg in die Versuchungsgeschichte Matthäus 4,1–11 oder auch als Andacht möglich.

Alle Teile: 1/2, 3.1, 3.2 und 3.3 sind als in sich geschlossene Einheiten konzipiert und einsetzbar. Bei einer länger dauernden Freizeit können die Teile nacheinander entfaltet werden. Als Elemente bei der Gestaltung eines Gottesdienstes kann jeweils ein Teil der Entfaltung 3.1 – 3.3 eingesetzt werden. Bewährt hat sich auch folgendes: 3 Gruppen erhalten jeweils als verschiedene Aufgaben die Erzählung 3.1 (Rilke), den Text 3.2 (Lukas 15,11–32) und den unter 3.2 abgedruckten Brief der Eltern an ihre Tochter mit der Fragestellung: Der Mensch lebt nicht vom Brot allein – was braucht er noch?

1. Spiel:

Karten werden vorbereitet mit verschiedenen Aufschriften, z.B.: Wenn ich ein freies Wochenende habe, freue ich mich auf... Wenn ich mir ein fernes Reiseziel wünschen könnte, würde ich wählen...

Wenn ich mir einen Zeitpunkt meines Lebens zurückholen könnte, dann wäre es...

Wenn ich mir meine Lieblingsmelodie aussuchen könnte, dann wäre es...
„Sieben Leben möcht ich haben" – was würde ich in jedem tun?
Wenn ich DM 500.000,– gewinnen würde, wie würde ich sie ausgeben?
Die Karten (Zettel) könnten alle so vorbereitet werden, daß sie auf einem großen Karton (Blatt) stehen und dann ausgeschnitten werden (Bild). Jeder zieht sich aus dem Stapel eine Karte und beantwortet sie für sich. Danach kann er sich eine neue wählen etc. Nach dieser Runde treffen sich jeweils die Bearbeiter der gleichen Fragen und reden über ihre Antworten. Die Diskussion könnte mit der Frage: „Warum ist dir gerade das wichtig?" „Gibt es Wichtigeres, Unwichtigeres?" beginnen und dann fortfahren, wie die Teilnehmer sie gestalten. Es gibt auch die Möglichkeit, nach einiger Zeit abzubrechen und mit neuer Mischung der Karten und der Diskussion über eine andere Frage weiterzumachen.

2. Zwischenüberlegung – es gibt noch leere Kärtchen

„Ich habe vorher nicht gewußt, welche Fragen mir gestellt, welcher Wunsch mir eröffnet wird. Kann ich mit dem Angebot etwas anfangen? Regen sich in mir nicht ganz andere Wünsche und Fragen? Wenn ich nun selbst einem anderen eine Frage stellen könnte, über die ich mit ihm – mit ihr – reden möchte, was würde ich auf das leere Kärtchen schreiben?"
Statt der Karten sind auch Blätter mit der Einteilung möglich wie sie das folgende Muster zeigt:

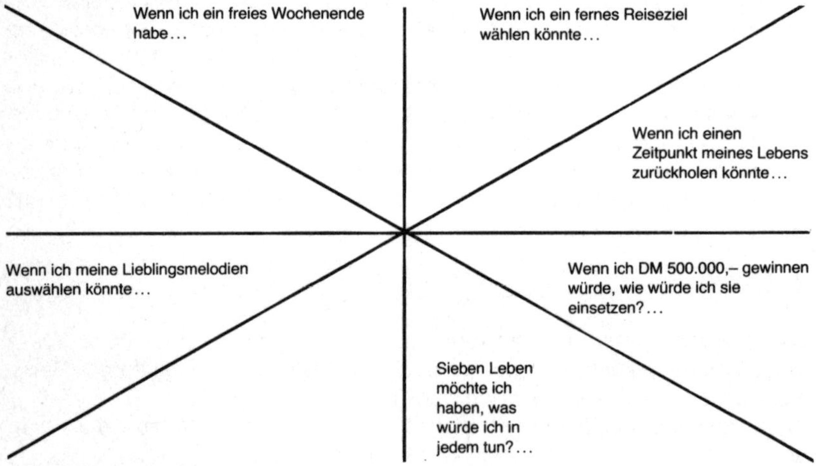

3. Ein neuer Impuls:

Der Mensch lebt nicht vom Brot allein – was braucht er noch?
... Liebe, Zuwendung, Anerkennung, Freundschaft, Erfolg... (vgl. dazu 3.1)
... sich selbst, Selbstverwirklichung, Selbstvertrauen... (vgl. dazu 3.2)
... „sondern von einem jeden Wort, das aus dem Mund Gottes geht."
(Matth. 4,4; 5. Mose 8,3), (vgl. dazu 3.3)

3.1 ...nicht vom Brot allein, sondern von Liebe...

Von Rainer Maria Rilke gibt es aus der Zeit seines ersten Pariser Aufenthaltes diese Geschichte:

Die Rose
„Gemeinsam mit einer jungen Französin kam Rilke um die Mittagszeit an einem Platz vorbei, an dem eine Bettlerin saß, die um Geld anhielt. Ohne zu irgendeinem Geber je aufzusehen, saß die Frau immer am gleichen Ort. Rilke gab nie etwas; seine Begleiterin gab häufig ein Geldstück.
Eines Tages fragte die Französin verwundert nach dem Grund, warum er nichts gebe, und Rilke gab zur Antwort: ‚Wir müßten ihrem Herzen schenken, nicht ihrer Hand.' Wenige Tage später brachte Rilke eine eben aufgeblühte Rose mit, legte sie in die offene, abgezehrte Hand der Bettlerin und wollte weitergehen. Da geschah etwas Unerwartetes: die Bettlerin blickte auf, sah den Geber, erhob sich mühsam von der Erde, tastete nach der Hand des fremden Mannes, küßte sie und ging mit der Rose davon.
Eine Woche lang war die Alte verschwunden. Nach acht Tagen saß sie plötzlich wieder wie früher am gewohnten Platz Sie war stumm wie damals. ‚Aber wovon hat sie denn all die Tage, da sie nichts erhielt, gelebt?' fragte die Französin. Rilke antwortete: ‚Von der Rose...'"

(Aus: Geschichten für Sinndeuter, hrsg. v. Peter Bleeser, Georgs-Verlag, Düsseldorf, 2. Aufl. 1982, S. 27)

Die Rose ist Sinnbild für:
Leben, Wärme, Zuwendung, Nicht-Vergessen, In-Erinnerung-Behalten, Anerkennung, etwas Verschüttetes wieder aufdecken, Liebe, die Erfahrung: jemand mag mich. Wenn es mehr Rosen gäbe, hätten auch mehr Menschen zu essen.
Einspruch: Von Liebe und Erinnerung wird niemand satt. Ohne Brot kann die Bettlerin auch die Rose nicht festhalten. Es geht hier nicht um Entweder – Oder, sondern um die Ergänzung und Zusammengehörigkeit des einen und des anderen.

3.2 … nicht vom Brot allein, sondern von Selbstverwirklichung…

Gleichnis vom verlorenen Sohn (Lukas 15,11–32)

„Und er sprach: Ein Mensch hatte zwei Söhne.

Und der jüngere von ihnen sprach zu dem Vater: Gib mir, Vater, das Erbteil, das mir zusteht. Und er teilte Hab und Gut unter sie.

Und nicht lange danach sammelte der jüngere Sohn alles zusammen und zog in ein fernes Land; und dort brachte er sein Erbteil durch mit Prassen.

Als er nun all das Seine verbraucht hatte, kam eine große Hungersnot über jenes Land, und er fing an zu darben und ging hin und hängte sich an einen Bürger jenes Landes; der schickte ihn auf seinen Acker, die Säue zu hüten. Und er begehrte, seinen Bauch zu füllen mit den Schoten*, die die Säue fraßen; und niemand gab sie ihm.

Da ging er in sich und sprach: Wie viele Tagelöhner hat mein Vater, die Brot in Fülle haben, und ich verderbe hier im Hunger! Ich will mich aufmachen und zu meinem Vater gehen und zu ihm sagen: Vater, ich habe gesündigt gegen den Himmel und vor dir. Ich bin hinfort nicht mehr wert, daß ich dein Sohn heiße; mache mich zu einem deiner Tagelöhner!

Und er machte sich auf und kam zu seinem Vater. Als er aber noch weit entfernt war, sah ihn sein Vater, und es jammerte ihn; er lief und fiel ihm um den Hals und küßte ihn. Der Sohn aber sprach zu ihm: Vater ich habe gesündigt gegen den Himmel und vor dir; ich bin hinfort nicht mehr wert, daß ich dein Sohn heiße. Aber der Vater sprach zu seinen Knechten: Bringt schnell das beste Gewand her und zieht es ihm an und gebt ihm einen Ring an seine Hand und Schuhe an seine Füße und bringt das gemästete Kalb und schlachtet's; laßt uns essen und fröhlich sein! Denn dieser mein Sohn war tot und ist wieder lebendig geworden; er war verloren und ist gefunden worden. Und sie fingen an, fröhlich zu sein.

Aber der älteste Sohn war auf dem Feld. Als er nahe zum Hause kam, hörte er Singen und Tanzen und rief zu sich einen der Knechte und fragte, was da wäre. Der aber sagte ihm: Dein Bruder ist gekommen, und dein Vater hat das gemästete Kalb geschlachtet, weil er ihn gesund wieder hat.

Da wurde er zornig und wollte nicht hineingehen. Da ging sein Vater hinaus und bat ihn. Er antwortete aber und sprach zu seinem Vater: Siehe, so viele Jahre diene ich dir und habe dein Gebot noch nie übertreten, und du hast mir nie einen Bock gegeben, daß ich mit meinen Freunden fröhlich gewesen wäre. Nun aber, da dieser dein Sohn gekommen ist, der dein Hab und Gut mit Huren verpraßt hat, hast du ihm das gemästete Kalb geschlachtet.

Er sprach zu ihm: Mein Sohn, du bist allezeit bei mir, und alles, was mein ist, das ist dein. Du solltest aber fröhlich und guten Mutes sein; denn dieser dein Bruder war tot und ist wieder lebendig geworden, er war verloren und ist wiedergefunden."

(Aus: Die Bibel nach der Übersetzung Martin Luthers, revidierter Text von 1984, Deutsche Bibelgesellschaft, Stuttgart)

---

* Gemeint sind die schotenförmigen Früchte des Johannesbrotbaumes.

Der verlorene Sohn – verloren? Selbstverwirklicht!

Die Erzählung Lukas 15, 11–32 nimmt unsere Frage „Der Mensch lebt nicht vom Brot allein – was braucht er noch?" Ein Mensch sucht sich selbst, seine eigene Verwirklichung. Unter dieser Themenstellung könnte gesammelt werden, was die Leser oder Hörer der biblischen Erzählung dazu beitragen:

- Ablösung der Kinder von den Eltern.
- Bruch mit Traditionen durch die Heranwachsenden.
- Verhältnis des Vaters zum Sohn, des Sohnes zum Vater verändert sich.
- Ein Aussteiger: warum – woher – wohin?
- Freiheit von allem, was bindet und beengt.
- Wußte er wirklich, was er suchte?
- Auswandern, um in der Fremde sein Glück zu suchen.
- Aus der Enge in die Weite, um draußen zugleich sich selbst zu finden.
- Was wird daraus? Der Versuch, das Glück zu kaufen, endet im Unglück.
- Der Ausbruch aus Beziehungen (zum Vater, zur Tradition) endet in totaler Beziehungslosigkeit.
- Ohne Beziehung kann niemand leben: „Er hängte sich an einen Bürger des Landes".
- Die völlige Emanzipation endet in völliger Abhängigkeit: selbst die Nahrung der Schweine ist ihm recht. Schon zu Lebzeiten ist der Sohn „tot".
- Die Erkenntnis in der Fremde: Der Vater bleibt sein Vater, die Erinnerung an den Vater bleibt.
- Muß er hinaus, um zu erkennen, was er an seinem Zuhause und an dem Vater hat?

Fazit: Der „verlorene" Sohn sucht sich selbst. Weil er meint, es in der Autorität und Tradition zu Hause nicht finden zu können, geht er hinaus in die Fremde. Nur in der Fremde kann er der sich selbst Bestimmende sein. Insofern sucht er sich selbst. Er findet sich jedoch nicht selbst, wie die Erzählung zeigt. An der letzten Station, dem Schweinetrog, ist ihm klar: Die ersehnte Freiheit ist nicht das Gegenteil der Bindung, sondern eine besondere Form der Bindung. Letzte Bindung macht im Vorletzten frei. Der mündige Sohn wird frei.

Die Selbstverwirklichung ist nicht zu schaffen durch Ablegen aller Bindungen und das angestrengte Bemühen, einen eigenen Lebensbereich zu gestalten. Zur Erfahrung dessen, was ich bin, gehört: Empfangen geht vor Handeln.

Das heißt beispielsweise:

ich verdanke vieles der Liebe anderer,
ich glaube durch den Anstoß anderer.
ich erfahre in Trauer den Beistand von Freunden.
ich bin von Gott angenommen.

Das muß auch der ältere Bruder lernen, der sein Leben auch selbst zu verwirklichen sucht, wenn auch anders als der jüngere. Wir Nichtausgestiegene, Daheimgebliebene, sollten uns mit dem Älteren ebenso identifizieren.

Die Erzählung bleibt offen. Wie könnte sie weitergehen? Wie könnte sich das Leben der drei Männer (Vater – zwei Söhne) und der vermutlich dazugehörigen Familie weiter gestalten? Es wäre den Einsatz der Phantasie etwa in einer Gruppe wert, einen Fortsetzungsteil der biblischen Erzählung zu finden und zu gestalten: Vater und verlorener Sohn sind im Haus, sie feiern. Der ältere Bruder steht draußen – wird er hineingehen?

Zwei Texte zur Anregung:
Ein Brief:
„Liebe Annegret! Vielen Dank für Deinen Brief. Gib uns Gelegenheit die anstehenden Probleme mit Dir zu besprechen. Wir wollen Dir helfen. Nenne uns Deine Adresse. Wir sind heute, am Sonnabend, dem 12. 9. 1970, im Wellenkamp Hotel, Lüneburg, Am Sand.
Mit freundlichen Grüßen Deine Eltern"
(Lüneburger Landeszeitung)
Wenn der Brief unter dem Gesichtspunkt vorgelesen wird „Der Mensch braucht nicht nur Brot – was braucht er noch?" – entwickelt sich in der Gesprächsrunde eine Reihe neuer Antworten: Zuhause, menschliche Kontakte, Vertrauen, Zuneigung; eine Quelle der Liebe und Zuwendung, die immer fließt, auch wenn ich lange nicht davon getrunken habe und nach anderen Quellen gesucht habe.

„Zu Mark Twain kam einmal ein 17jähriger und sagte: ‚Ich verstehe mich mit meinem Vater nicht mehr. Jeden Tag ist Streit. Er ist so rückständig, hat keinen Sinn für moderne Ideen! Was soll ich machen? Ich lauf aus dem Haus.' Mark Twain antwortete: ‚Junger Freund, ich kann Sie gut verstehen. Als ich 17 Jahre alt war, war mein Vater genauso ungebildet. Es war kein Aushalten. Aber haben Sie Geduld mit so alten Leuten. Sie entwickeln sich langsam. Nach 10 Jahren, als ich 27 war, da hatte er soviel dazu gelernt, daß man sich schon ganz vernünftig mit ihm unterhalten konnte. Und was soll ich Ihnen sagen: Heute, wo ich 37 bin – ob Sie es glauben oder nicht – wenn ich keinen Rat weiß, so frage ich meinen alten Vater. So können die sich ändern.'"

3.3 ... nicht vom Brot allein, sondern von Gottes Wort...
Das Leitwort für diesen Impuls ist die Versuchungsgeschichte Matthäus 4,1–11 (par. Lukas 4,1–13) mit der Antwort Jesu auf die erste Versuchung: „Bist du Gottes Sohn, so sprich, daß diese Steine Brot werden. Und er antwortete und sprach: Es steht geschrieben: ‚Der Mensch lebt nicht vom Brot allein, sondern, von einem jeglichen Wort, das aus dem Mund Gottes geht.'"
Zwar können viele von uns mit dem Teufel nicht viel anfangen, aber die Macht des Bösen, der dämonischen Kräfte zu leugnen, wird angesichts der Vielfalt des Übels bei uns schwerfallen. Wer oder was der Teufel ist – diese Frage ist weniger wichtig, als mit der Macht der Versuchung zu rechnen, an die uns die Vaterunser-Bitte „Erlöse uns von dem Bösen" erinnert. Warum ist die Macht

der Versuchung so gefährlich? Weil man sie nicht erkennen kann. „Hätte sie einen Paß, so stünde in der Spalte ‚Besondere Kennzeichen', zweifellos ‚Keine'". (Helmut Thielicke)

In dieser Versuchung besteht also die ungeheure Möglichkeit, aus Steinen Brot zu machen. Welcher Akt der Nächstenliebe, welche revolutionäre Tat! Afrika und Asien frei von Hunger. Wären die Menschen satt, wozu wären sie dann aber erst fähig: die Moral würde besser, die Leistungsfähigkeit gesteigert, die Macht wäre gesichert – wes Brot ich eß, des Lied ich sing! Der Hunger in der Welt ist eines der größten Probleme – Brot für alle wäre ihre Lösung.
Jesu Antwort: Ja – der Mensch lebt vom Brot, aber nicht allein, sondern von jedem Wort Gottes. Das ist die Absage an Macht und Einfluß, die Bereitschaft zu Ohnmacht und Leiden, der Verzicht auf die Massen und ihre Stimmen. Jesu Antwort ist zugleich seine Ortsbeschreibung: an der Seite der Armen und Hungernden, der Mühseligen und Sorgenvollen, der Einsamen und Schicksalbeladenen. Ein schlechter Tausch? Statt auf der Seite der Reichen und Mächtigen bei den Armen? Hätte er das Angebot der Versuchung angenommen, wäre er ein großer, historisch bedeutsamer König geworden, ein Stück Weltgeschichte der Antike, an der Seite des Augustus und Cäsars. Aber mit diesen wäre er auch vergessen. Nun aber ist er unser Bruder und Retter geworden. „Ich bin das Brot des Lebens" – ein Proviant über den Tag hinaus, genug für jeden zum Leben.
„Die Antwort Jesu mit dem Wort Gottes zeigt zuerst, daß auch der Gottessohn unter Gottes Wort steht und daß er kein eigenes Recht neben diesem Wort haben kann und will. Sie zeigt zweitens, daß Jesus an diesem Wort allein bleiben will... Jesus hat seine Menschheit und seinen Leidensweg in der Versuchung bewahrt."

(Dietrich Bonhoeffer, Schöpfung und Fall – Versuchung, Chr. Kaiser Verlag, München, 1968, S. 125)

Anregungen und Fragen:

- Was meint die Bitte im Vaterunser: Führe uns nicht in Versuchung?
- Was wäre geschehen, wenn Jesus der Versuchung nachgegeben hätte?
- Brot statt Gottes Wort. Dieser Gegensatz begegnet uns heute manchmal in dem Satz: Soziale Hilfe oder Verkündigung.
- Worin besteht das Gemeinsame, wodurch ist diese Gemeinsamkeit (Zeugnis in Wort und Tat) bedroht?
- Zwei der Versuchungen argumentieren mit der Bibel: Kennen wir gerade solche „frommen Versuchungen"?

4. ...nicht vom Brot allein, sondern...

auslegung von lukas 8,26ff.

wußten sie schon
daß die nähe eines menschen
gesund machen
krank machen
tot und lebendig machen kann
wußten sie schon
daß die nähe eines menschen
gut machen
böse machen
traurig und froh machen kann
wußten sie schon
daß das wegbleiben eines menschen
sterben lassen kann
daß das kommen eines menschen
wieder leben läßt
wußten sie schon
daß die stimme eines menschen
einen anderen menschen
wieder aufhorchen läßt
der für alles taub war
wußten sie schon
daß das wort
oder das tun eines menschen
wieder sehend machen kann
einen
der für alles blind war
der nichts mehr sah
der keinen sinn mehr sah in dieser welt
und in seinem leben
wußten sie schon
daß das zeithaben für einen menschen
mehr ist als geld
mehr als medikamente
unter umständen mehr
als eine geniale operation
wußten sie schon
daß das anhören eines menschen
wunder wirkt
daß das wohlwollen zinsen trägt

daß ein vorschuß an vertrauen
hundertfach auf uns zurückkommt
wußten sie schon
daß tun mehr ist als reden
wußten sie das alles schon
wußten sie auch schon
daß der weg vom wissen über das reden
zum tun
interplanetarisch weit ist

(Aus: Wilhelm Willms, der geerdete himmel, wiederbelebungsversuche, Verlag Butzon & Bercker, Kevelaer, 6. Aufl. 1983)

Anregung: Jeder Teilnehmer gestaltet einen neuen Vers dieses Gedichts.

Teil 5: Herr, wohin sollen wir gehen? Du hast Worte des ewigen Lebens!

Ziel: Das Thema ist ein Teilzitat aus Johannes 6,68. Jesus fragt die zwölf Jünger, nachdem ihn eine Reihe anderer Nachfolger verlassen hatte: „Wollt ihr auch weggehen?" Darauf folgt die Antwort des Petrus: „Herr, wohin sollen wir gehen? Du hast Worte des ewigen Lebens; und wir haben geglaubt und erkannt: Du bist der Heilige Gottes."
Ziel dieser Einheit ist es, das Leben als einen Weg zu erkennen. Oft verlieren wir dabei das Ziel aus dem Auge. Die Frage: „Wohin sollen wir gehen?" wird von vielen gestellt. Die Antwort entfaltet einen Lebensweg, ein Stück ewiges Leben und damit ein Stück der Herrschaft Gottes, die unter uns real geworden ist. Orientierung und Begleitung für den Lebensweg soll gegeben werden.

Alter: Die Vorschläge sind gedacht für Jugendliche ab 15 Jahren und für junge Erwachsene.

Dauer: Die jeweiligen Einheiten sind getrennt einsetzbar und gut für Treffen von 1 – 1 $^{1}/_{2}$ Stunden zu benutzen.

Material: Der Gebrauch der Bibel wird vorausgesetzt. Für die Einheit 4 müssen Papier und Stifte bereitgehalten werden.

Ablauf: Die Beispiele unter Einheit 1 sind jeweils für sich benutzbar. Hier werden auch Fragen und Anregungen angeschlossen, die zur Weiterarbeit ermuntern. Einheit 2 kann kombiniert werden mit einem Beispiel von 1, ist aber auch als Einstieg in 3 – 5 denkbar. Einheit 4 hat sich bewährt als leicht zugänglicher Einstieg in die Gesamtthematik. Von hier aus kann man weitergehen zur Frage nach Zielen des Lebens, wesentlichen Stationen, Glück und Sinn. Einheit 5 ist selbständig, schließt aber sowohl an die Beispiele von 1 wie an 4 an.

1. Stationen auf dem Lebensweg

1.1 Die Klage der Wörter

Erzählung von Peter Spangenberg

„Es geschah um die Zeit, wo die Menschen schweigen, da versammelten sich die Wörter aus allen Ländern zu einer Vollversammlung. Das geht ja nur, wenn geschwiegen wird. Auf der Tagesordnung standen die Punkte: Wie können wir die Inflation stoppen? Und: Wie erreichen wir einen höheren Grad des Verstehens?

‚Leben' eröffnete die Aussprache mit dem Satz: ‚So kann es nicht mehr weitergehen!' Und alle klatschten Beifall.
Da meldete sich ‚Frieden' und sagte laut: ‚Liebe Mitsilben, eine Ewigkeit reicht nicht aus, um zu beschreiben, was man mit mir macht: Die Engel haben mich in Bethlehem gesungen, Cäsar hatte mich mißbraucht, die Kirchen führen mich im Munde, Fidel Castro hat mich benutzt. Ich tauge nichts mehr. Ich bin abgegriffen.'
Darauf entgegnete ‚Leben': ‚Wir sollten uns zusammentun. Nur dann sind wir gültig.'
Da beantragte ‚Freiheit' das Wort: ‚Ich habe den Eindruck, ich bestehe nur noch aus Buchstaben. Ich bin nicht mehr ganz. Die Französische Revolution hat mich entwertet, die Parteienpolitik macht mich krank, die Lügen hinter den vielen eisernen Vorhängen dieser Welt lassen mich schrumpfen. Ich bin nichts.'
Auch darauf entgegnete ‚Leben': ‚Wir sollten uns zusammentun. Zusammen mit ‚Frieden'. Nur dann sind wir gültig.'
Es entstand eine lange Pause, die alle Wörter zum Denken benutzten. Dann aber erhob ‚Gerechtigkeit' seine Stimme: ‚Ich bin erledigt, ich sehe keinen Sinn mehr. In der Deklaration der Menschenrechte bin ich verankert, aber ich werde verraten. Jeder führt mich im Munde, aber ich bleibe schwach und dünn. Ich bin nicht geboren, um Staub anzusetzen. Aber jetzt will ich nicht mehr.'
‚Wir sollten uns zusammentun', erwiderte ‚Leben' gütig, ‚zusammen mit Frieden und Freiheit. Dann sind wir gültig.'
Da mischte sich die ‚Liebe' ein und klagte: ‚Was soll ich denn erst sagen?! Ich werde erpreßt, gekauft, verhöhnt, entwürdigt.'
Da sagte das ‚Leben': ‚Wir sollten uns zusammentun, zusammen mit Frieden und Freiheit und Gerechtigkeit. Dann sind wir gültig.'
‚Ihr seid nichts ohne mich!' rief eine zarte Stimme. Alle blickten sich um. Da stand das kleine Wörtchen ‚Ja' und meinte mutig: ‚Ich suche für euch das Herz eines Menschen, versteht ihr? Und dann könnt ihr wachsen, ganz langsam und ganz leise. Einverstanden?'
‚Ja!' sagten die andern. ‚Seht ihr', meinte ‚Ja' fröhlich, ‚es hat schon begonnen. Alles Leben fängt mit mir an.'"

(Aus: Peter Spangenberg, Feuerball und Regenbogen, GTB/Siebenstern 1026, Gütersloher Verlagshaus, Gütersloh, 2. Aufl. 1983, S. 52)

Anregungen zur Erzählung:
Der entscheidende Satz lautet: „Alles Leben fängt mit mir an". Welche Situationen kennen wir, in denen das Ja – ausgesprochen oder unausgesprochen – an entscheidender Stelle steht?
In welcher Beziehung stehen die anderen Wörter zu diesem Ja? Ja zum Leben – was bedeutet das? (Hierher gehören Stichworte wie Abtreibung, Selbstmord, Sterben, Erhaltung der Schöpfung etc.)

1.2 Endliches Leben – ewiges Leben

Eberhard Bethge hat unter dem Titel „Widerstand und Ergebung“ Briefe und Aufzeichnungen aus der Haft Dietrich Bonhoeffers herausgegeben, die für uns letzte Zeugnisse dieses Zeugen für seinen Glauben sind. Am Ende des Buches werden die letzten Tage geschildert. Am Weißen Sonntag 1945, als Bonhoeffer gerade eine Andacht für die Mitgefangenen in seinem Saal gehalten hat, muß er seine Sachen packen und wird abgeführt, um hingerichtet zu werden. Er geht mit den Worten – es sind die letzten, die uns überliefert sind –: „Das ist das Ende, für mich der Beginn des Lebens.“

Anregungen zum Text:

Die Unterschiedenheit und doch untrennbare Verbundenheit von Leben und Leben ist der Ausgangspunkt für die Frage, wie das neue, ewige Leben dies Leben vor dem Tod bestimmt.

Was sagt dieser Satz einem Sterbenden?

Was sagt er den Trauernden?

Weiterführend ist auch, das Beispiel Bonhoeffers zu vergleichen mit dem Urbild Jesus in seinem Leben und Sterben. Es empiehlt sich auch, am Beispiel anderer Glaubenszeugen Bonhoeffers letzten Satz und die besondere Bestimmung dieses Lebens durch das ewige Leben zu beobachten:

z. B. Pater Delp (vgl. 1.3), Johannes Hus, Jochen Klepper oder an Beispielen aus Bonhoeffers Schriften (vor allem in ‚Widerstand und Ergebung‘) Belege dieses Satzes zu zeigen.

1.3 Laßt uns dem Leben trauen, weil Gott es mit uns lebt.

Dieser Satz war 1984 das Leitwort des 88. Deutschen Katholikentages in München. Kurz vor seiner Ermordung durch die Nationalsozialisten im Februar 1945 schrieb der Jesuitenpater Alfred Delp mit gefesselten Händen diesen Satz nieder. Er wußte dabei, daß sein Leben nur noch wenige Tage dauern würde. Er hätte verzweifeln können und zerbrechen. Aber gerade hier sagt er sein Ja zum Leben und bekundet damit ein Vertrauen, das selbst der Tod nicht zerstören kann. Warum? Weil er von der Nähe Gottes weiß, die ihren Ausdruck im Sterben des Sohnes Gottes am Kreuz fand, der unser Leben gelebt hat und unseren Tod gestorben ist. Es empfiehlt sich, diesen Satz losgelöst von diesen Umständen einzugeben in eine Runde mit der Frage:

Was ist damit gemeint?

Wer könnte diesen Satz gesagt haben?

In welcher Situation könnte dieser Mensch gelebt haben?

Inwiefern lebt Gott das Leben mit uns?

Um so erstaunlicher wird es sein, dann den Verfasser und seine Lage zu erfahren.

1.4 Der Gott der Lebendigen

„Wenn ich gestorben bin,
hat sie gewünscht,
feiert nicht mich
und auch nicht den Tod,
feiert den,
der ein Gott der Lebendigen ist.
Wenn ich gestorben bin,
hat sie gewünscht,
zieht euch nicht dunkel an,
das wäre nicht christlich,
kleidet euch hell,
singt heitere Lobgesänge.
Wenn ich gestorben bin,
hat sie gewünscht,
preiset das Leben,
das hart ist und schön,
preiset den,
der ein Gott der Lebendigen ist."

(Aus Kurt Marti, Leichenreden, Luchterhand, Neuwied, 7. Aufl. 1974)

Anregungen zu dem Gedicht:
Die Überschrift stammt nicht von Kurt Marti. Das Gedicht ist eine harte Forderung.
Welche Aussagen über Leben und Tod begegnen uns?
Können wir die Aussagen so akzeptieren auch für uns?
Wie sind die Aussagen des Gedichts zu begründen?
Würden wir bei einer Trauerfeier diesem Wunsch folgen

- weil wir den Wunsch erfüllen wollen,
- weil wir selbst diese Überzeugung haben?

1.5 Autoaufkleber

„Auch du brauchst Jesus – denn Jesus ist Leben"
„Gott kennen ist Leben"
Was halten wir von solchen Aufklebern?
Stehen wir zu solchen Aussagen?
Wie verstehen wir diese Kurzformeln?
Halten wir sie für vertretbar und brauchbar?

1.6 Zwei Lieder

Lied von Dieter Trautwein
„Jesus Christus – das Leben der Welt.

1. Wer leben will, muß atmen mit Seele, Leib und Geist die Gaben zu empfangen, die Christus uns verheißt.
2. Wer leben will, muß leiden an allem, was zerstört, durch Christus überwinden, was noch dem Tod gehört.
3. Wer leben will, muß wachsen, bis Gottes ganzes Reich in Fülle sich entfaltet, verschieden und doch gleich.
4. Wer leben will, muß eins sein mit allen, die Gott liebt, und Schranken niederbrechen, wo Christus Zeichen gibt."

(Rechte: Verlag Singende Gemeinde, Wuppertal, 1982/Kirchentagsliederheft 1983 Nr. 709)

Lied vom J. Metternich Team

1. „Unser Leben sei ein Fest
Jesu Geist in unserer Mitte,
Jesu Werk in unsren Händen,
Jesu Geist in unsren Werken.

2. Unser Leben sei ein Fest,
Brot und Wein für unsre Freiheit,
Jesu Wort für unsre Wege,
Jesu Weg für unser Leben.

1+2 Unser Leben sei ein Fest
an diesem Morgen/Abend und jeden Tag."

(Aus: Wir haben einen Traum, Rechte: Peter Janssens Musik Verlag, Telgte, 1972/Kirchentagsliederheft 1983 Nr. 756)

Was wird über das Leben ausgesagt?
Können wir diese Aussagen der Lieder als unsere Überzeugung übernehmen?
Leben als Fest – Leben als Leiden: Wie ist unser Leben und das ewige Leben miteinander verbunden?
Welche Besonderheiten in der Aussage über das Leben haben Lieder (auch Psalmen) im Unterschied zu Beschreibungen anderer Art?
Im Alten Testament gibt es eine bemerkenswerte Beziehung zwischen Loben, Preisen und Tod: In einer ganzen Reihe von Stellen wird darauf hingewiesen, daß ‚im Tod' kein Lobpreis sei (z. B. Psalm 6,3; 30,10; 88,11; 115,17). Loben ist die besondere Form menschlichen Lebens. Loben und nicht mehr Loben stehen einander gegenüber wie Leben und Tod. Von da aus bekommt der Satz „Unser Leben sei ein Fest" eine neue Bedeutung.

2. Die Vielfalt des Lebens

Um sich einfach der Vielfalt und der umfassenden Bedeutung unseres Lebens bewußt zu werden, können wir – auch als Aufgabe einer Gruppe – die Wortkombinationen mit „Leben“ und „leben“ zusammenstellen lassen.
Beispiele:

Lebens – Zeit
– Inhalt
– Wandel
– Angst
– Abend
– Anschauung
– ...

Hunde – Leben
Lotter – Leben
Musiker – Leben
Menschen – Leben
– ...

lebens – fähig
– lustig
– echt
– bejahend
– erfahren
– satt
– fremd
– ...

Wenn man dazu die Umschreibungen von „Leben“ und „leben“ bedenkt, wird erst recht deutlich, daß alle Verhaltensweisen, Handlungen, Zustände und Formen der Existenz Beschreibungen des Lebens sind. Selbst der Tod ist nur zu beschreiben als Verneinung des Lebens.

3. Grundsätzliche Bemerkungen – Biblische Aussagen

3.1 Zum Begriff Leben

Der Begriff Leben und die mit ihm verbundenen Verhaltensweisen sind kaum zu gliedern. Das griechische Wort „bios" erscheint in unserem Sprachgebrauch häufig in Wortverbindungen (Biologie, Biosphäre etc.). Der nicht sehr häufige Gebrauch in der Bibel beschreibt Leben als zeitlichen Abschnitt, als Lebensweise und Lebensunterhalt. So wird z. B. der gesamte Lebensunterhalt, den die arme Witwe in den Opferkasten legt (Markus 12,44), bezeichnet. Das Erbteil, das der Vater im Gleichnis vom verlorenen Sohn verteilt, ist „bios" (Lukas 15,12). Ein zweites Wort ist „psyche". Zu den vielfältigen Bedeutungen gehört einerseits die Übersetzung des hebräischen „nephesch" = „Seele" als Grundwort der Vitalität, der Lebendigkeit, des Lebens schlechthin. Andererseits wird es im Neuen Testament zum Begriff des Lebens, das durch den Tod nicht aufgehoben wird, das man verlieren und doch erhalten kann (z. B. Matthäus 10,28 „die den Leib töten, doch die Seele nicht töten können" oder Matthäus 10,39). In der Bergpredigt (Matthäus 6,25) ist es das Leben mit seinen Sorgen und Bedürfnissen. In Matthäus 16,25 wird unterschieden: „Wer sein Leben erhalten will, der wird's verlieren; wer aber sein Leben verliert um meinetwillen, der wird's finden." Der zentrale Begriff ist „zoe". Es ist mehr als das natürliche und vorfindliche Leben, es ist das aus der Hand des Schöpfers gegebene Leben. Gott gibt das Leben und nimmt es dem Menschen wieder. Es wird dem Menschen als Leihgabe anvertraut. Gerade am Gebrauch dieses Wortes wird deutlich, daß menschliches Leben mehr ist als die natürliche Existenz. Zum Leben im vollen Sinn des Wortes gehört das Festhalten am Lebenswort und damit an dem, der sich selbst als das Leben bezeichnet, besonders im Johannesevangelium (6,35 Brot des Lebens; 8, 12 Licht des Lebens; Auferstehung und Leben 11,25; Weg, Wahrheit und Leben 14,6). So ist die Voraussetzung für dieses Leben der Gehorsam gegen sein Wort, der Glaube an das Evangelium und die Umkehr zum Willen Gottes.

3.2 Ewiges Leben

Damit wird das Leben beschrieben, das Bestand hat über die zweideutigen, lebensgefährdenden, zerstörenden Mächte der vom Tod bestimmten Welt hinaus. Es ist begründet in der Auferstehung Christi, wodurch die lebensbedrohende Macht, der Tod, besiegt wurde und neues Leben möglich geworden ist. Durch den Glauben an Christus ergreifen wir dieses Leben, erhalten wir Anteil an ihm. (R. Bohren erzählt von einem Gefangenen, der ihm regelmäßig zum Jahresbeginn schreibt: „Ich freue mich, daß Sie noch am ewigen Leben sind.")

3.3 Die Scheidung

Der Glaube bekennt sich, gegen alle Erfahrungen, zu dem Gekreuzigten. Er ist ein Verfluchter und zugleich von Gott Gesegneter. Der Glaubende entscheidet

angesichts des Kreuzes und des Anstoßes, den es bedeutet, ob der Verfluchte für ihn nun erledigt ist oder zum Grund aller Hoffnung wird. Die Frage an die Jünger (Johannes 6, 60–71) und die Notwendigkeit ihrer Antwort ist eine Situation, die sich für uns immer wieder ergibt: wir werden gefragt, wir fragen uns selbst: Was ist der Grund und das Ziel meines Lebens? Bewußt wird jedem dabei der Anstoß: ein Mensch, ein Gekreuzigter, dessen Leben im Tod endet, ist der Offenbarer Gottes. Noch schärfer formuliert: Der dem Tod Überantwortete ist der Träger des ewigen Lebens. Die Worte, die er zu uns spricht, sind Geist und sind Leben, gerade die in ihrer Anstößigkeit gesagten Worte. Eine echte Bekenntnissituation zeigt sich hier, indem in einer bestimmten und konkreten Situation eine Entscheidung gefällt werden muß, und indem hier eine konkret gestellte Frage eine klare Antwort bekommt:
Inhalt der Bekenntnisaussage ist die Identifikation des Gekreuzigten mit dem Auferstandenen, der das zur Erfüllung gelangte, wahre Leben bringt. Zugleich wird deutlich, daß Jesus und Gott endgültig, unwiderruflich zusammengehören („Du bist der Heilige Gottes"). Durch den Glauben an den Auferstandenen, der das Leben bringt, wird das eigene Leben zum Leben des Auferstandenen in Beziehung gesetzt. Unser Dasein wird zum Dabeisein, wir werden hineingenommen in das Leben Gottes.

3.4 Das lebendigmachende Wort

Wort und Leben gehören zusammen. Das gilt schon im normalen menschlichen Leben. Der Mensch bedarf des Wortes, um im weitesten Sinn am Leben anderer zu partizipieren. Sonst würde unser Leben verkümmern. „Durch die Sprache atmet der Mensch gewissermaßen ein und aus." (G. Ebeling) Diese Beziehung zwischen Wort und Leben wird nun noch intensiviert durch die Verbindung in der Person Jesu, wie sie Johannes vornimmt. Alle anderen Spielarten des Verhältnisses von Wort und Leben werden nun neu bestimmt durch die Feststellung: In Christus ist das lebendigmachende Wort erschienen. Das Neue und Besondere besteht in zwei Gesichtspunkten, die „Leben" und „Wort" neu bestimmen:

- Es geht um die Erschaffung neuen Lebens. Das selbstverständliche, vorausgesetzte Leben soll nicht korrigiert, angeregt, belebt und gefördert werden. Sondern hier entsteht ein anderes Leben, das den Grund des Lebens verändert.
- Das Wort des Lebens tritt als Evangelium dem Wort des Gesetzes gegenüber. Unter dem Begriff des Gesetzes können alle Worte zusammengefaßt werden, die der Situation der Sünde und der Abkehr von Gott entspringen und die das vorhandene Leben zu äußerster Anstrengung aufpeitschen, um es zu ändern. Als Evangelium ist dieses Wort des Lebens die Quelle neuen und wahren Lebens, das nun einen anderen Ursprung hat. „Ich lebe, doch nun nicht ich, sondern Christus lebt in mir. Denn was ich jetzt lebe im Fleisch, das lebe ich im Glauben an den Sohn Gottes, der mich geliebt hat und sich selbst für mich dahingegeben." (Galater 2,20)

4. Der Weg meines Lebens

Woher kommen wir – wohin sollen wir gehen?
Eine reizvolle, immer wieder bewährte Aufgabe für einzelne und Gruppen ist folgendes:

4.1 Zeichne deinen bisherigen Lebensweg wie auf einer Landkarte oder einer Wanderkarte auf. Markiere die Wege, die Kreuzungen, Umwege, Hindernisse, Wegzeichen, Stopstellen und Orte, die auf diesem Lebensweg liegen. Bezeichne die Parallel- oder Querwege, die dir durch andere begegnet sind oder dich begleitet haben. Wo bist du zurückgegangen, wo ging es vorwärts? Wo bist du allein gewandert, wo hat sich dein Weg mit dem anderer getroffen?
Ist daraus ein gemeinsamer Weg geworden? Wo haben dich Weggefährten verlassen?

4.2 Zeichne deinen zukünftigen Lebensweg wie auf einer Landkarte oder einer Wanderkarte auf. Markiere die Wege und Wegzeichen, die du erhoffst und dir vorstellst. Beschreibe als Parallelwege oder Kreuzwege die deiner Weggefährten. Werden sie gemeinsam mit dir wandern, werden sie getrennte Wege gehen? Wird es ab und zu ein Treffen geben an einem Kreuzungspunkt, auf einem Parkplatz? Werden nur Telefonhäuschen am Rand stehen, um Verbindungen herzustellen oder gibt es gemeinsame Wege? Welche Tiefen oder Höhen erwartest oder befürchtest du? Welches Ziel stellst du dir vor?

4.3 Wenn sich nach der Erfüllung dieser Aufgabe die einzelnen wieder treffen und ihre Erfahrungen und Erwartungen austauschen, wird es ein interessantes und nachdenkliches Gespräch über die Lebenswege der Vergangenheit und der Zukunft geben.

5. Das Gleichnis vom großen Glück – Der Schatz im Acker (Matthäus 13,44)

„Jesus sagte: Das Himmelreich gleicht einem Schatz, verborgen im Acker, den ein Mensch fand und verbarg; und in seiner Freude ging er hin und verkaufte alles, was er hatte, und kaufte den Acker."

(Aus: Die Bibel nach der Übersetzung Martin Luthers, revidierter Text von 1984, Deutsche Bibelgesellschaft, Stuttgart)

5.1 Zum Verständnis des Gleichniswortes Matthäus 13,44
Der Mensch ist Tagelöhner, der Acker gehört ihm nicht. Ob er sich den Acker unter zweifelhaften moralischen Voraussetzungen erworben hat, steht nicht

zur Debatte. Jesus benutzt ja an anderen Stellen auch moralisch zweifelhafte Figuren als beispielhafte Vorbilder, z.B. den „ungetreuen Verwalter" Lukas 16,1ff oder den „ungerechten Richter" Lukas 18,1ff. Ausgangspunkt des Gleichnisses ist die einzigartige Entdeckung, für die er alles aufgibt und „in seiner Freude" alles einsetzt, um das Entdeckte zu gewinnen. Die Freude ist so groß, daß alles andere verblaßt vor dem Gefundenen. Dieser Fund ist die Herrschaft Gottes, die Begegnung mit Christus. Sie schenkt so große Freude, daß dafür alles hingegeben wird, um sie zu gewinnen. Es gibt einmalige Gelegenheiten, die es zu ergreifen gilt. Ziel ist das Kaufen – auch im zweiten Gleichnis von der Perle –, dafür wird der Gegenwert („alles was er hatte") eingesetzt. Dabei geht es um eine einmalige Gelegenheit, denn so etwas wird sich nicht wiederholen. Ziel ist der ganze Einsatz angesichts einer einmaligen Gelegenheit. Jesus sagt also damit: Jetzt ist die einmalige Gelegenheit und dafür der ganze Einsatz notwendig. Das Reich Gottes ist nahe herbeigekommen. Heute hört ihr meine Stimme, verstockt euer Herz nicht. „Selig ist, wer sich nicht an mir ärgert" (Matthäus 11,6). Das ist unser Einsatz, daß wir unsere ganze Zuversicht auf dieses Wort, auf Jesu Verkündigung setzen und auf sie mit unserem Glauben antworten.

Fragen zur Erarbeitung des Gleichnisses:

Wozu gebraucht Jesus die Erzählform des Gleichnisses?
Was ist mit dem Himmelreich gemeint?
Was ist als Pointe der Erzählung herausgestellt?
Was will Jesus seinen Hörern sagen?
Welche Überraschungen enthält das Gleichnis?
Was will Jesus dem heutigen Hörer sagen?
Gibt es einen Zusammenhang zwischen dem „großen Glück", dem erfüllten Leben und der Gottesherrschaft?

5.2 Das Gleichnis und seine Alternativen

Jesus sagte: „Mit der Herrschaft Gottes geht es wie mit einem Schatz, der in einem Acker vergraben war. Den fand ein Mann. Da deckte er ihn schnell wieder zu, und in seiner Freude verkaufte er alles, was er hatte, und kaufte den Acker."

Alternative A:

Mit der Herrschaft Gottes geht es wie mit einem Schatz, der in einem Acker vergraben war. Ein Mann entdeckte ihn, blickte um sich, ob jemand ihn beobachtete, und da er niemanden sah, nahm er den Schatz schnell an sich. Daheim vergrub er ihn unter dem Fußboden seines Hauses, denn er hatte Angst, er könnte ins Gerede kommen, wenn er von seinem neuen Reichtum lebte.

Alternative B:

Mit der Herrschaft Gottes geht es wie mit einem Schatz, der in einem Acker vergraben war. Ein Mann entdeckte ihn zufällig. Nach dem ersten Gefühl freudiger Überraschung begann er, sich Fragen zu stellen. Er kratzte sich am Kopf und dachte: „Der Schatz bringt mir bestimmt nur viele Umtriebe. Eigentlich brauche ich nicht mehr, als ich bereits habe." Er deckte den Schatz wieder zu, ging nach Hause und versuchte, die Sache zu vergessen.

Alternative C:
Mit der Herrschaft Gottes geht es wie mit einem Schatz, der in einem Acker vergraben war. Ein Mann, der wußte, daß man im Leben nichts geschenkt bekommt, stieß zufällig darauf. Da er aber nur an den Lohn dachte, den er am Abend ausbezahlt bekäme, achtete er nicht weiter darauf und glaubte, es sei ein wertloser Gegenstand. Er arbeitete unentwegt weiter, der Schatz aber blieb unentdeckt.

Alternative D: (nach S. Lenz, Das Wrack, in: Jäger des Spotts)
Mit der Herrschaft Gottes geht es wie mit einem Schatz, den ein Fischer suchte: Ein Fischer arbeitet jahrelang in einer Flußmündung, obwohl es sich kaum noch lohnt. Eines Tages entdeckt er ein Wrack. Er verkauft alles, was er hat, seinen Außenbordmotor und seine Ausrüstung für ein Tauch- und Sauerstoffgerät, um es zu erreichen. Dann stellt er fest, daß das Schiff nur Pferde geladen hatte, als es unterging, so daß alle Anstrengungen vergeblich waren.

Fragen zum Gleichnis und den Alternativen
a) Worin bestehen die Unterschiede zwischen dem Gleichnis und den Alternativen?
b) Wie beurteilst du die Alternativen?
c) Ist es denkbar, daß Jesus statt des Gleichnisses in der jetzigen Form auch eine der Alternativen erzählt hätte? Wähle eine aus und erkläre, was Jesus damit hätte sagen wollen.
d) Welche unterschiedlichen Verhaltensweisen zeigt der Mann im Gleichnis Jesu und in den Alternativen, und wie sind sie zu erklären?
e) Wofür lohnt sich der ganze Einsatz des Lebens?
f) Wo können wir den Schatz, das Glück, ein erfülltes Leben entdecken? Hat dies etwas mit der Gottesherrschaft zu tun?

Teil 6: Gott schuf den Menschen...
(1. Mose 1 + 2)

Ziel: Aus der genauen Lektüre der beiden Schöpfungserzählungen in 1. Mose 1,1 – 2,4a und 2,4b – 25 werden die Aussagen über den Menschen als Ebenbild Gottes, als Mann und Frau und als Herrscher über die Erde entwickelt und intensiv bedacht.

Alter: Jugendliche ab 16 und junge Erwachsene.

Dauer: Man sollte mindestens ein Wochenende Zeit haben, auch wenn nicht alle 3 Teile entfaltet werden.

Material: Für Abschnitt 1 wird Papier und Schreibzeug gebraucht. Im übrigen ist die Benutzung der eigenen Bibel vorausgesetzt.

Ablauf: Teil 1 kann als Einheit für sich und als Einleitung gebraucht werden. Bevor die Teile 2 – 4 begonnen werden, sollte jeder die beiden Kapitel der Bibel lesen. Dann könnten Gruppen mit den „Fragen zur Weiterarbeit" an die Arbeit gehen. Ein weiterführendes Plenum ist wichtig.
Es wäre gut, wenn eine Einführung in den Charakter der Urgeschichte (1. Mose 1-11 und die Verfasser der beiden Schöpfungsgeschichten (Jahwist 1. Mose 2,4bff, Priesterschrift 1. Mose 1,1ff) gegeben würde, um den Charakter der Erzählungen als geschichtliches Bekenntnis einer bestimmten Zeit deutlich zu machen. Als Hilfsmittel sei empfehlend hingewiesen auf:
Claus Westermann, Genesis 1–11, (Biblischer Kommentar Altes Testament I/1), Neukirchner Verlag, Neukirchen-Vluyn, 3. Aufl. 1983;
Gerhard von Rad, Das erste Buch Mose, Das Alte Testament Deutsch, Teilband 2/4, Vandenhoeck, Göttingen, 10. Aufl. 1976

1. Wo befinden wir uns?
(Ein Spiel)

Ein Blatt wird durch 2 senkrechte Linien von oben nach unten in 3 Streifen geteilt, so daß der mittlere etwas weniger breit als die beiden äußeren Streifen ist. Links schreiben wir die Antworten auf die Frage: Wo werden Menschen untergebracht? Rechts schreiben wir die Antworten auf die Frage: Welche Gruppen und Arten von Menschen gibt es?

PALÄSTE	für die	MÄCHTIGEN
WOHNBLOCKS	für die	ARBEITER
VILLEN	für die	KLUGEN
ZELTE	für die	FLÜCHTLINGE
BARACKEN	für die	GASTARBEITER
KÄFIGE	für die	SCHWACHSINNIGEN
HÖHLEN	für die	KINDER
ZELLEN	für die	GESETZESBRECHER
GRÄBER	für die	TOTEN
KASERNEN	für die	SOLDATEN
KLINIKEN	für die	KRANKEN
HEIME	für die	ALTEN
SCHULEN	für die	JUGENDLICHEN

2. ...zu seinem Bilde, zum Bilde Gottes schuf er ihn... (1. Mose 1, 27a)

Der Entschluß des Schöpfers: ,,Lasset uns Menschen machen, ein Bild, das uns gleich sei." (1,26) und die nähere Bestimmung in 1,27 ,,Und Gott schuf den Menschen nach seinem Bilde, zum Bilde Gottes schuf er ihn", weisen darauf hin: der Schöpfergott entschließt sich, etwas zu schaffen, was mit ihm zu tun hat. Er schafft ein Geschöpf, das ihm entspricht, zu dem er reden kann und das ihn hört. Nun ist ein Geschehen, eine Beziehung zwischen Gott und den Menschen möglich. ,,Jeder Mensch in jeder Religion und in jedem Bereich, in dem die Religionen nicht mehr anerkannt werden, ist nach dem Bild Gottes geschaffen." (Westermann, S. 218). Alle Menschen haben eine Beziehung zu Gott. Die einzelnen Aussagen (Bild Gottes – Mann und Frau – Herrschaft) gehören zusammen; denn das Ebenbild Gottes ist zugleich Zeichen für die Herrschaftsvollmacht.

Fragen zur Weiterarbeit:

- Was bedeutet es für mich, Bild Gottes zu sein?
- Wie und wodurch wird die Gottebenbildlichkeit des Menschen in Frage gestellt oder zerstört?
- Im folgenden Text werden Aussagen zur Gott-Ebenbildlichkeit des Menschen gemacht. Wie beurteile ich diese Aussagen?

Die Gottesebenbildlichkeit besteht in
... geistigen Vorzügen oder geistigen Fähigkeiten. (ein Ausleger der alten Kirche)
... geistigen Fähigkeiten und einem anerschaffenen Herrscheradel. (ein jüdischer Ausleger)
... Vernunft und Freiheit. (ein griechisch-orthodoxer Theologe)
... religiös-sittlichem Personenleben. (F.D. Schleiermacher)
... der Persönlichkeit, dem Verstand, geistigem Wesen, geistiger Überlegenheit, unsterblicher Seele. (evangelischer Theologe Anfang 20. Jahrhundert)
... der äußeren Gestalt: des Menschen Gestalt ist ein Abbild der Gottesgestalt. (W. Zimmerli)
... dem Inneren des Menschen, nicht in dem Äußeren. (H. Wildberger)
... der Totalität des Menschen, in seiner Ganzheit. (G. v. Rad)
... der Tatsache, daß der Mensch Gottes Gegenüber ist. (K. Barth)
... der Möglichkeit, daß Gott mit dem Menschen verkehren kann, daß Gott zum Menschen reden und der Mensch ihn verstehen und ihm antworten kann. (C. Westermann)
... der Stellvertretung Gottes auf Erden durch den Menschen. (G. v. Rad)
... der Herrschaft über die Geschöpfe der Natur – einer Gabe und einer Aufgabe.

3. ... und schuf sie als Mann und Frau
(1. Mose 1,27b)

Der Mensch ist kein Solist, sondern besteht in zwei Geschlechtern. Jeder Mensch ist ein Gemeinschaftswesen, er existiert immer zu zweit. Jeder Mensch ist damit auch zu einer Gemeinschaft bestimmt. Jede theoretische oder durch Institutionen hervorgerufene Trennung von Mann und Frau und jede betonte Abkehrung des Männlichen vom Weiblichen gefährdet, was hier vom Menschen gesagt wird. Damit hängt auch der folgende Segen zusammen. Er gilt Mann und Frau und allem Lebendigen: Die Segenskraft ist hier zunächst mit der Fruchtbarkeit verbunden, wird dann aber erweitert verstanden als Zusage der Zukunft. Zwar kann hier noch nicht von einer Ehe oder von einem Eherecht gesprochen werden, aber deutlich wird: das Alleinsein ist ungut für den Menschen. Der Partner (die Partnerin) ist die Hilfe, die dem Menschen entspricht (Die beiden hebräischen Worte im Urtext bedeuten „Beistand" und „Gegenstück"). Dies gibt es für den Menschen nur mit einem anderen Menschen, nicht in der Tierwelt. Der dem Menschen entsprechende Partner wird nicht, wie alles andere, aus der Erde geschaffen, sondern aus der Rippe, d. h. die Zusammengehörigkeit hat eine besondere Qualität. Mann und Frau gehören zusammen und stehen sich doch gegenüber. Das erste Wort des Menschen ist der Jubel über die Frau (Luther: Männin, im Hebräischen ist dies die weibliche Form von „Mann“). Die Liebe und der Drang nach Wiedervereinigung des Getrennten sprengt auch Familienbande (2,24). Die Scham als Signal der Bloßstellung wird erst zur Trennung nach dem Sündenfall (2,25b im Vergleich zu 3,7–11).

Fragen zur Weiterarbeit:
- Was bedeutet es für mich, als Mann oder Frau und als Partner des anderen Geschlechts zu leben?
- Wie und wodurch wird diese Partnerschaft gestört oder gefährdet?
- Worin unterscheidet sich diese Partnerschaft von der Beziehung zu Tieren?
- Mann und Frau gehören zusammen und stehen sich doch gegenüber – wie sieht das aus?
- Was ergibt der Vergleich 1. Mose 2,25 mit 3,7 – 11?

4. ... herrschet über die Erde... (1. Mose 1,26.28)

Nur der Mensch übt Herrschaft über die Erde aus. Die Voraussetzung dafür ist, daß der Mensch die Macht und Fähigkeit dazu hat, und eine Überlegenheit besteht gegenüber den anderen Geschöpfen. Diese Herausforderung steht immer in der Gefahr, die Erde zu mißbrauchen, das Bild Gottes zu mißbrauchen, wenn Menschen über Menschen herrschen. Die Herrschaft darf nicht über Gefährdung des Menschen führen, wie sie im Umgang mit der Umwelt bedrohliche Maße annimmt. Ebenso verfälscht Herrschaft des Menschen über Menschen das Abbild Gottes. Auch darf die Unterwerfung der Welt nicht zum Beherrschtwerden des Menschen durch den Mythos der Technik und der Machbarkeit aller Dinge führen, weil dann ökonomische Zwänge zum eigentlichen Herrscher werden.

Fragen zur Weiterarbeit:
- Welche Voraussetzung besteht und ist notwendig dafür, daß der Mensch über die Welt herrscht?
- Wie und wodurch wird die Herrschaft des Menschen über die Erde gefährdet?
- Beherrschung der Erde ist auch Beherrschung des Menschen: wer sich nicht beherrscht, kann auch andere(s) nicht beherrschen. Welche Gefahren und Chancen liegen hier?
- Wie beschreibt der Psalm 8 die Herrschaft des Menschen?
- Immer brennender wird in diesem Zusammenhang die Frage nach den Auswirkungen der Gentechnologie. Dürfen wir am Menschen und mit dem Menschen alles tun, was wir mit Hilfe der Wissenschaft tun können? Gen-

technologische Eingriffe dienen ja nicht nur der Heilung des Menschen, sondern hier können „neue“ und andere Menschen entwickelt werden, deren Natur uns unbekannt ist. Ist es etwa für ein Kind gleichgültig, ob es von seiner Mutter erzogen wird, oder – etwa gegen Geld – von der „Mietmutter“ nach der Geburt abgegeben wird? Ist die Züchtung von Menschen etwa mit besonders hervorragendem Samenmaterial von Nobelpreisträgern vertretbar? Was wird aus den überzähligen Embryonen, die bei einer künstlichen Befruchtung im Reagenzglas anfallen? Hat ein Mensch ein Recht darauf, seine mögliche Erbanlage frühzeitig zu erfahren oder bei seinem Kind bei entsprechendem Befund – auch nach der Geburt – entsprechend zu reagieren? Noch viel mehr Fragen tun sich hier auf. Ist es nur Anmaßung der Technik, wenn sie sich der Natur des Menschen zuwendet? Überschreitet sie ihre Grenzen, wenn sie menschliche Unvollkommenheit durch gezielte Auslese und durch Veränderung der genetischen Ausstattung verbessert? Welches Menschenbild haben wir? Was bedeutet es, wenn wir sagen, daß jedem die Würde des Geschöpfes Gottes zukommt, dem Asozialen, dem unverbesserlichen Straftäter ebenso wie dem unheilbaren Geisteskranken? Denn nicht allein der Verstand und die Anerkennung von ethischen Normen prägen den Menschen, sondern auch die ständige Versuchung eigensüchtigen Handelns zu Lasten anderer, seine dunklen Triebe und nicht kontrollierten Gefühlsausbrüche. Das Bild des unvollkommenen Menschen ist unser Ausgangspunkt: des trotzdem unter der Zuwendung Gottes lebenden Menschen.

Die hier angedeuteten Überlegungen zeigen einerseits ein Problem, dem wir nicht entrinnen, zugleich offenbaren sie unsere eigene Unsicherheit. Ein Anstoß zu weiteren Überlegungen könnten die drei Vorträge sein, die unter der Reihe 6 „Leben in der Schöpfung“ beim Deutschen Evangelischen Kirchentag 1985 in Düsseldorf von Georges Fülgraff, Berlin – Ernst Benda, Karlsruhe und Günter Altner, Heidelberg, gehalten wurden.